Guía Práctica
para establecer y conquistar
Metas Efectivas

Jordys González

Guía Práctica
para establecer y conquistar
Metas Efectivas

Ediciones Corona Borealis

Guía Práctica para establecer y conquistar Metas Efectivas. Jordys González

© 2013, Jordys González
© 2013, Ediciones Corona Borealis
 Pasaje Esperanto, 1
 29007 - Málaga
 Tel. 951 088 874
 www.coronaborealis.es
 www.edicionescoronaborealis.blogspot.com

Diseño editorial: HF Designers
Ilustración de portada: HF Designers
             © mustafagul - Fotolia.com
             © Carola Vahldiek - Fotolia.com

Primera edición: Enero de 2013

ISBN: 978-84-15465-39-3
Depósito Legal: MA 2724-2012

Distribuidores: http://www.coronaborealis.es/?url=librerias.php

Todos los derechos reservados. No está permitida la reimpresión de parte alguna de este libro, ni tampoco su reproducción, ni utilización, en cualquier forma o por cualquier medio, bien sea eléctronico, mecánico, químico de otro tipo, tanto conocido como los que puedan inventarse, incluyendo el fotocopiado o grabación, ni se permite su almacenamiento en un sistema de información y recuperación, sin el permiso anticipado y por escrito del editor.

Printed in Spain - Impreso en España

Índice

Introducción 11

Propósito 15

Aclaremos Tres Punto Críticos antes de Continuar 17

Capítulo I
Las Metas: Una Herramienta De Tu "Proceso De Cambio".. 19

Capítulo II
Preparar el Terreno y "Redescubrir Nuestros Valores" 27
   ¿Tus momentos felices? 30
   "Regresando a tus sueños" 31
   ¿Qué es lo que más disfrutas hacer? 32
   ¿Cómo sería una semana en tu vida? 33
   ¿Cuáles son tus principales roles? 34
   ¿Cómo te gustaría ser recordado? 36
   Resumen del ejercicio 38

Capítulo III Y Bien, ¿Cuál es tu Punto B? 41
¿Qué es lo que quieres? 42
La Paradoja del Cambio Personal 43
Tiempo y Dinero 45
Inspeccionar tus metas 51
Tu VIDA" es mucho más Grande que "Tu MUNDO" 53

Capítulo IV
¿Qué Quieres Comprar Con Ese Tiempo y ese Dinero? 59
Segmentando tu lista de sueños 66

Capítulo V
Es Hora De Hacer Una Regresión de Tus Metas 71
Centrémonos en Tus metas a 1 año 76

Capítulo VI
¿Cuáles son Tus Verdaderas Metas? 83
TÚ siempre estás vendiendo 84
Seamos Sinceros y Prácticos… 90
El Coste de Apertura de tus Metas 95

Capítulo VII
Acciones de Excelencia para "Conquistar Tus Metas" 99

Capítulo VIII
Resumen 113

Sobre el autor + Otras Oras del Autor 120

Dedicatoria y Agradecimientos

Podría tomar varias páginas de este libro, para agradecer a todas las personas, circunstancias o cosas, que de algún modo u otro, me han ayudado a CRECER en todos los sentidos de mi vida, comenzando por mis Padres, sin los cuales no estaría aquí.

Gracias a mis padres (Marcelo y Berta) por todo vuestro amor, paciencia y entrega, y por haber dedicado una gran parte de vuestras propias vidas, para construir la mía.

A toda mi familia y amigos, por los momentos que pasamos juntos. Y en especial a mis dos soles (Isa y Carol) por sus ráfagas de alegría y amor que llenan mis días de ilusión. Gracias

Agradecería también a cada Autor y Tutor que he estudiado, y a cada colega y cliente con quien he trabajado. De todos he aprendido mucho. Gracias.

Pero si hay alguien a quien debo agradecer de una forma muy especial, por haber creído en mí, incluso más que yo mismo, es mi Esposa. MIL GRACIAS Ire por todo el apoyo que me has dado, y por tus sabias y tranquilas palabras, en los momentos más oportunos. TE ADORO.

Jordys

Introducción

¿*Te* sientes realmente satisfecho contigo mismo del lugar y la situación en la que te encuentras hoy?

Si tomases como referencia lo que has conseguido vivir, experimentar, tener, hacer y compartir en los últimos tres años, ¿qué grado de satisfacción le asignarías?

No es necesario que me envíes un correo con tu respuesta, ni que salgas a confesarte con algún amigo, simplemente intenta encontrar en ti una respuesta sincera y operativa a esta pregunta, y te adelanto que no tienes por que sentirte mal contigo mismo si la respuesta es no, o no lo sé... Piensa:

Independientemente que seas más o menos feliz, si analizas a grandes rasgos lo que ha sido tu vida en los últimos dos, tres o cinco años, tu realización personal, profesional, espiritual, financiera y emocional, y los resultados que has alcanzado en estos campos, ¿podrías darte por satisfecho?

¿Tienes una idea lo bastante clara de aquellas cosas que deberían suceder para que tú experimentes un estado de satisfacción personal, en cada uno de los roles de tu vida?

Ve pensando acerca de tu respuesta a estas preguntas, porque la necesitarás más adelante.

Reconozco que en ocasiones, esta simple pregunta resulta muy espinosa y difícil de contestar, y más aún si es el primer impacto que recibes al leer una obra, que supuestamente te debería enseñar un oportuno método para establecer metas efectivas, ¿cierto?

Pero, ¿por qué esta pregunta? ¿Qué tiene que ver el que te sientas más o menos satisfecho con tu situación actual, con el hecho de establecer metas profesionales, económicas, espirituales, personales, de negocio, etc?

Pues bien, la respuesta es sencilla: "las METAS **son**, o deben ser, un VEHÍCULO para experimentar satisfacción personal, mediante la realización y el logro progresivo (diario, semanal, mensual y anual) de objetivos específicos". Así de claro y de simple.

Las METAS son esas valiosas herramientas que nos permiten actuar de manera constante y coherente con nuestra Misión. Las Metas nos ayudan a dar sentido a nuestras vidas, y cada persona (cada hombre y mujer), es responsable de descubrir, primero, hacia donde dirigirse, que camino andar, para más tarde establecer metas que le permitan avanzar, día a día, en esa dirección; sin desviarse.

Es importante que interiorices y aceptes esta reflexión, antes de comenzar: "el hombre NUNCA se limita a existir simplemente, ya que siempre decide cual será su existencia"

Es decir, TÚ SIEMPRE estás decidiendo quién serás en tu próxima hora de vida… Sí, sí, no mires a ningún otro lugar ni te señales con el dedo…, estoy hablando contigo. Tú eres quién único **tiene el poder de decidir** lo que pasará con tu vida, y lo creas o no, cada día estás ejerciendo ese poder, ya sea consciente o inconscientemente.

Cada minuto, cada hora y cada día que vives, tomas decisiones voluntarias o involuntarias, automáticas o reflexivas, reactivas o proactivas, que **te conducen a experimentar tu realidad**, tu situación actual (buena o mala), tu satisfacción o insatisfacción contigo mismo.

Por ello es importante que comprendas que las METAS, que a menudo son utilizadas de modo irracional, para que sean verdaderamente efectivas y eficaces, SIEMPRE deben venir acompañadas de una actitud mental de RESPONSABILIDAD.

La RESPONSABILIDAD es la placenta que alimenta al embrión de las METAS. Si no existe una poderosa y convincente mentalidad de RESPONSABILIDAD, las metas perderán gran parte de su fuerza y poder. No tienen de donde alimentarse.

Las Metas, como las buenas ideas, NACEN MUERTAS; hay que alimentarlas cada día. Con esto quiero decir, que tú eres responsable, no sólo de "Establecer Metas" en tu vida, también tienes la responsabilidad de "Andar Cada Día el Camino" que te conduce a ellas, sin perder el rumbo.

Perdona que insista tanto en este tema desde un inicio, pero aquí está la esencia de lo que compartiré contigo de ahora en adelante. Compartiremos un método simple que te ayudará a no quedar tirado en el camino; un método que te facilitará filtrar y desmenuzar tus metas hasta el punto de prever las pequeñas acciones y hábitos sobre los que deberás centrar tu esfuerzo, durante el recorrido.

He escrito cada párrafo de esta Guía Práctica, desde un enfoque de consultoría y coaching interactivo. Es decir, he escrito esta obra, tal y como si estuviese compartiendo sesiones de coaching con un amigo. Es por ello que a lo largo de la misma, verás que no me centro únicamente en ejercicios prácticos para establecer metas, más bien voy entremezclando conceptos que desde mi punto de vista, y seguramente también desde el tuyo, son elementales para este trabajo.

Espero sinceramente que el método que hoy comparto contigo, se convierta en un material de consulta continua para tu éxito, en cualquier área de tu vida.

¡Aplícalo y te sorprenderán los resultados!

Te deseo buen viaje y un excelente provecho de este material.

Propósito

Aunque pueda parecer evidente el propósito de este Guía Práctica - ayudarte a establecer tus metas - su verdadero propósito va más allá. El objetivo esencial del mismo, es compartirte un método simple y eficaz, para establecer metas sólidas y con grandes posibilidades de cumplimiento. Es guiarte hasta el punto en el que descubras por ti mismo, cómo deben cambiar tus hábitos de vida, y desarrolles un Plan de Acciones Personales para implementar nuevas rutinas diarias, y acciones concretas que deberás emprender para lograr el éxito deseado.

Por otra parte, para cumplir con el propósito de este material, es evidente que deberás planificarte y dedicar un cierto tiempo, preferiblemente diario o cada dos días, en trabajar sobre los ejercicios y reflexiones que aquí comparto contigo. Por mi experiencia personal y la de mis clientes, este trabajo de definición de metas, al menos el boceto inicial, puedes tenerlo terminado en 10 o 15 días.

Te propongo como reto, como primera meta, que te planifiques para completarlo en 15 días, tiempo suficiente para que reflexiones sobre las preguntas y ejercicios que aquí comparto contigo… ¿Aceptas el reto?

¡¡ADELANTE!!

Aclaremos "Tres Puntos Críticos" Antes de Continuar

Primer Punto: las ideas, procedimientos y filosofía que en este material comparto contigo, conforman un Método **maravillosamente efectivo y práctico** para establecer metas y conquistarlas, y pronto podrás percatarte por ti mismo. Claro está… ¡si lo aplicas!

Ahora bien, es simplemente eso; un MÉTODO. Una manera práctica de establecer metas efectivas, que deberás adaptar a tu particular situación, ya sea que decidas aplicarlo para establecer metas personales, espirituales, emocionales, profesionales, económicas, etc… Cuando comprendas y captes la esencia del método, podrás llevarlo a tu terreno y aplicarlo al área de tu vida en que más lo necesites, o simplemente, conjugar en un mismo Plan Personal, las metas de tu vida en las diferentes áreas. Y esto nos lleva al…

Segundo punto: aunque a lo largo de todo el material te animaré a pensar en tus metas desde un punto de vista más holístico, integrando todas las áreas de tu vida en las que consideres debas mejorar y obtener resultados diferentes, me centraré en dos conceptos más tangibles y medibles (tiempo y dinero), de modo que me permitan mostrarte el método de un modo más práctico.

Sin embargo, nuevamente insisto en que es un método, y mi meta es mostrarte cómo puedes aplicarlo y adaptarlo a tu situación particular.

Tercer punto: por último quiero destacar algo que, particularmente a ti, que estás invirtiendo tiempo, esfuerzos, emociones y algo de dinero en leer y aplicar los siguientes conceptos, te convendrá asimilar para sacar el mejor provecho:

El ÚNICO INDICADOR que deberías utilizar para DECIDIR aplicar, o no, el método que en esta obra comparto contigo, es si los conceptos que te muestro podrían ACERCARTE O NO, a lo que quieres de la vida.

Intenta NO JUZGAR a simple vista. Este material será bueno o malo, en la medida en que su aplicación te acerque o te aleje de tus sueños y tu realización. Recuerda, TÚ DECIDES.

NOTA: Antes de comenzar a trabajar "en serio" con este material, asegúrate de buscar una libreta o cuaderno de trabajo, en el cual anotes todas las ideas, respuestas y reflexiones que surjan de todos los ejercicios. Te la pediré más adelante, así que hazte con una, ¿de acuerdo?

Capítulo I
Las Metas como una Herramienta de tu "Proceso de Cambio"

Existe una creencia bastante generalizada que me gustaría DESMITIFICAR: "las personas le temen al cambio".

Esto NO ES del todo cierto y quiero explicarte mi punto de vista. En realidad, una inmensa mayoría de las personas ANSÍA PODER CAMBIAR SUS VIDAS y su situación... Anhelan un cambio en sus vidas.

Si yo te entregara una lámpara (con un genio dentro) y te dijera que tienes toda una hora para pensar en las TRES COSAS que más te gustaría cambiar en tu vida, y que trascurrida esa hora, con solo frotar la lámpara saldrá un genio que, con un simple chasquido de dedos (SIN ESFUERZOS PARA TI) hará realidad los cambios que hayas elegido... ¿aprovecharías la oportunidad?

Apuesto a que sí, ¿verdad? Porque tú, al igual que yo, y la inmensa mayoría de las personas que pueblan este planeta, ambicionas cambiar las cosas con las que HOY no te sientes satisfecho.

Lo que en realidad atemoriza a las personas, es alejarse demasiado de su zona de comodidad, aún así sea una "comodidad mediocre". Les asusta tener que cambiar otras muchas cosas, antes de experimentar el cambio deseado.

A la mayoría de las personas las paraliza el hecho de tener que emprender acciones diferentes, les aterra tener que cambiar hábitos de conducta, que hasta ahora no le han llevado, ni le llevarán, a donde realmente les gustaría, pero con los cuales ya se sienten cómodos, porque son hábitos que fluyen en automático.

O como dice el viejo refrán: *"más vale malo conocido, que bueno por conocer"*... y ahí se quedan toda la vida, disfrutando de una plácida y confortable mediocridad.

Pero por suerte amigo, este genio que podría cambiar tu vida, EXISTE DENTRO DE TI... ¡¡Tú eres la lámpara, y el genio!!

El único inconveniente es que no bastará sólo con frotar para hacer salir al genio, ni tampoco éste podrá ayudarte con un simple chasquido de dedos.

Este genio – tu genio interno, te ayudará a cambiar tu vida en el sentido que tú desees, siempre y cuando estés dispuesto o dispuesta a recorrer el camino, a pagar el precio que conlleva TRABAJARSE EL CAMBIO, mediante la ejecución de acciones concretas - físicas y mentales – y la implementación de nuevos y poderosos hábitos que te ayuden a caminar, con paso firme y sin descanso, por el camino que has elegido para alcanzar el cambio que deseas.

Es por ello que uno de los principios básicos para emprender un exitoso "Proceso de Cambio", es estar convencido y decidido a **pagar el precio que sea necesario.**

¿Qué es un **Proceso de Cambio**?

Pues bien, antes de continuar y entrar en más materia, me gustaría que ABRAS TU MENTE a este concepto, porque entenderlo y asimilarlo, es una de las claves que te permitirá crecer y gozar de una vida verdaderamente increíble. Además, como todo lo que analizaremos en esta obra lo haremos bajo esta perspectiva, y personalmente te aconsejo que extrapoles este concepto a toda tu vida y todas tus actividades, quiero explicarte con mis palabras y de una manera bien sencilla, clara y práctica, qué es un Proceso de Cambio.

Un Proceso de Cambio, no es más que todo lo que ocurre a lo largo del camino que va desde el "Punto **A**", hasta el "Punto **B**". Me explico:

HOY, JUSTO AHORA, en este preciso momento en el que estás leyendo esta obra, tú te encuentras en una determinada situación, la cual no clasificaremos ni de buena, ni de mala, simplemente es tu particular situación. ¿De acuerdo?

¿Recuerdas la pregunta con la que comencé la introducción? Te pregunté: ¿te sientes realmente satisfecho del lugar y la situación en la que te encuentras hoy?... ¿Lo recuerdas?

Pues bien, de tu respuesta a esta pregunta se desprenden una serie de argumentos, y estos son los que componen tu "Punto A". Es decir, dónde estás y cómo te encuentras HOY.

Por ejemplo, si yo te pidiese que evaluases tu vida actual de forma general, ¿qué puntuación te darías, del 1 al 10, si 1 es pésimo y 10 es excelente?

Aviso: este ya es el primer ejercicio que deberás anotar en tu libreta de trabajo... No lo dejes de hacer.

Siendo práctico y justo contigo mismo, ¿cómo valorarías la situación en la que te encuentras HOY, en sentido general? ¿Qué puntuación le darías hoy a tu vida, a tu experiencia vital? Un 8, 7, 3, 9. Por supuesto que puedes asignarte un 10, pero te aconsejo que evites el autoengaño y la autocomplacencia, ya que no son buenos recursos para comenzar a definir metas ambiciosas y motivantes... Además, un 10 podría hacerte caer en una peligrosa zona de confort, que en cualquier caso sería temporal, dado el **proceso de evolución natural que exige un cambio continuo.**

Y bien, ¿ya te has evaluado?... ¡Genial!

Supongamos que te has dado un espectacular 7. Pues bien, ahora NO DEJES DE HACER ESTE PEQUEÑO EJERCICIO.

¿Por qué te has dado un 7? ¿Cuáles son los motivos por los que NO te has dado una mayor puntuación? ¿Qué crees que está faltando en tu vida? ¿Qué cosas estás dejando de experimentar?

¿Qué carencias tienes? ¿Qué crees ha podido influir más en la puntuación anterior?

Vamos a analizarlo de otra manera.

Tal y como te comenté en los "puntos críticos", puedes y debes adaptar este método a las áreas de tu vida que consideres más oportuno, y redefinirlo como mejor estimes conveniente para ti. Sin embargo, para explicarme mejor y hacer más práctico el trabajo, te pediré que segmentes tu vida en estas dos áreas:

➢ **Tu vida personal:** tus relaciones de parejas, tu relación y vida social, tu relación familiar, tu salud física, tu vida espiritual, tu autoimagen, la relación contigo mismo, etc...

➢ **Tu vida profesional:** cómo va tu negocio, cómo te sientes con tu desempeño profesional, con tu empleo, con tu realización. ¿Haces lo que te gusta? ¿Cómo son tus ingresos? etc...

Pues bien, ahora quiero que vuelvas evaluar tu vida, pero en cada una de estas dos áreas: ¿qué puntuación del 1 al 10, le darías a tu vida personal? Y a tu vida profesional, ¿cómo la puntuarías?

HOY(fecha)....................., mi valoración sobre mi vida personal es de:..

HOY(fecha)....................., mi valoración sobre mi vida profesional es de:..

Por favor, no dejes de hacer este breve ejercicio, si de verdad quieres comenzar con buen pie. Anótalo en tu libreta de trabajo.

Pues bien, ahora que ya te has evaluado, quiero que determines las TRES PRINCIPALES RAZONES, que desde tu punto de vista, han influido en la puntuación anterior. Es decir, suponiendo que le has dado un 6 a tu vida profesional, mi pregunta es… ¿Por qué?

¿Por qué consideras que tu vida Profesional tiene un 6? ¿Qué aspectos crees que debes potenciar? ¿Cuáles son las principales razones por las que consideras que tu vida Profesional tiene un 6?

Si son varias las causas por las que consideras que tu vida profesional necesita un cambio para mejorar la puntuación, enumera las tres de mayor peso, y si son menos de tres (1 o 2) no importa.

Pero define AHORA MISMO las razones por las que te diste la puntuación anterior, en ambas áreas. Anótalo en tu libreta de trabajo:

Personal:
1- Porque..
2- Porque..
3- Porque..

Profesional:
1- Porque..
2- Porque..
3- Porque..

Si has realizado este primer ejercicio con seriedad y madurez, debo felicitarte, ya que este comienzo resulta un excelente progreso para todo el proceso.

Ahora ya tienes una base sólida sobre la cual comenzar un trabajo de definición de metas verdaderamente efectivo, teniendo en cuenta tu satisfacción personal. Ahora ya tienes el punto de partida, una referencia, un puerto desde donde zarpar y comenzar tu Proceso de Cambio. Ahora ya tienes definido un "Punto A".

Sin embargo, aún queda por definir cuál es tu "Punto B". ¿Hacia qué puerto te dirigirás? ¿En qué sentido deberás fortalecer los puntos anteriores? ¿Cómo te gustaría cambiar y que metas debes establecer para señalizar el camino de tu Proceso de Cambio?

Pero antes de comenzar a definir el proceso para identificar tu "Punto B", te propongo realizar algunos importantes ejercicios de reflexión, los cuales te permitirán construir los sólidos y profundos pilares, sobre los que edificarás tu "Punto B".

Los ejercicios y reflexiones que emprenderás en el siguiente apartado te ayudarán a no caer en la tentación de establecer "METAS ESTÉRILES", carentes de lo que en verdad tiene valor para ti.

Son ejercicios cuyo objetivo es el de ABRIRTE LOS OJOS, para que no te dejes arrastrar por la única tentación del **éxito social y/o económico**, y perder de vista lo que es realmente importante para ti, que aunque aún no seas 100% consciente de ello, es tu "Éxito Personal"; tu satisfacción interna. Tu auto-realización como persona.

Ten en cuenta que el principal propósito de tu "Punto B", es establecer una dirección fundamental, una **dirección correcta**. Es establecer las pautas que a largo plazo, te ayudaran a convertirte en la persona que quieres ser, y poder así experimentar y disfrutar de todas aquellas cosas que verdaderamente tienen valor para ti. Es por ello que el siguiente apartado, es una Guía para el auto descubrimiento de tus valores y principios Guía.

Si consideras que ya tienes *bien claro* lo que es verdaderamente importante en tu vida, quizás no necesites llevar a cabo los ejercicios del siguiente apartado, sin embargo, no está de más que los revises.

AVISO IMPORTANTE: no te precipites ni caigas en el GRAVÍSIMO ERROR de pensar y convencerte a ti mismo, que el desarrollar los siguientes ejercicios, es "Perder el Tiempo"

Perder el tiempo es no actuar, o actuar incesantemente sin saber en qué dirección nos estamos moviendo, o peor aún, movernos en la dirección que nos han hecho creer que es la correcta, para que un buen día, al cabo de 20, 30 o 40 años, nos percatemos de que nos hemos pasado la vida perseguido las "metas incorrectas". Que hemos conquistado sueños carentes de valor para nosotros, o como diría Stephen R. Covey, *"que nos hemos esforzado por subir en una escalera que estaba apoyada en la pared equivocada"*. ESO SI ES PERDER EL TIEMPO, ¿no te parece?

Llegó el momento de…

Capítulo II
Preparar el Terreno y "Redescubrir Nuestros Valores"

¿Qué es Preparar el Terreno?

Preparar el terreno, no es más que tener **tres o cuatro cosas bien claras**. Cosas que nos ayuden a tomar decisiones eficaces en nuestra vida y a filtrar las "oportunidades" que se nos puedan presentar. Y es esto lo que espero que descubras, o corrobores, a lo largo de los siguientes ejercicios.

Es importantísimo que tengas una visión lo más <u>clara y amplia</u> posible de lo que verdaderamente te gustaría que pasase con tu vida y que tuvieses <u>la certeza</u> de que eso que has elegido, te colmará de verdadera satisfacción personal, porque como te comenté desde un inicio, ese el objetivo de las metas, o al menos, el propósito que yo quiero compartir contigo en esta obra.

Ponte en el pellejo de este personaje, e imagina la siguiente escena:

"Hoy llega a tus manos un mapa. Es el mapa de un Tesoro. No especifica en qué consiste el tesoro, pero eso no te detiene. Comienzas a visualizar el gran valor de su contenido (oro, diamantes, joyas, plata, etc.), e imaginas como sería tu vida con toda esa riqueza, y lo importante y admirado que serías.

Así que decides descifrarlo y encontrarlo.

*"Eliges" dedicar una parte importante de tu tiempo, esfuerzo, recursos y emociones a encontrar este tesoro. Estás comprometido con esta **meta** que has elegido perseguir y estás dispuesto a pagar cualquier precio que sea necesario.*

Comienzas tu búsqueda incansablemente. Cada día te sorprende con nuevos retos y obstáculos que debes sortear, y recursos que debes invertir para avanzar en el camino, sin embargo, nada te detiene. Cada día, semana y mes que vas dejando tras de ti, te hacen sentir más próximo de lograr tu objetivo. Hasta que un buen día te encuentras justo sobre el tesoro. Han pasado 3 años de intensa y sacrificada búsqueda y ahora sólo resta cavar. Comienzas a cavar con gran entusiasmo e ilusión, hasta llegar al cofre que contiene "Tu Tesoro". Ansioso, lo abres rápidamente.

Una profunda sensación de vacío y desilusión se apodera de ti, tras de revisar con total desesperación cada rincón del cofre y descubrir que todo el tesoro se reduce a diferentes sales aromáticas y especias de diferentes partes del mundo. ¡¡Que gran decepción!! Dedicaste 3 años de tu vida a perseguir un tesoro y cuando lo descubres, resulta que no es lo que realmente esperabas, ni imaginabas. "El mapa te guió hasta un tesoro carente de valor alguno para ti".

* * * * * * * * * * * * *

Esta simple parábola, refleja algo que le sucede a diario a miles de personas. Persiguen sueños ajenos, inducidos por otros o por la sociedad. Se esfuerzan por alcanzar metas estériles; metas sin un verdadero sentido para ellos.

Y para que esto no te suceda a ti, quiero guiarte, con la ayuda de los ejercicios de este capítulo, y los demás que compartiré contigo a lo largo de esta obra, para que logres construir, con tus propias manos (tu reflexión y análisis) TU PROPIO MAPA DEL TESORO.

Por tal motivo, me comunicaré contigo en esta sesión, tal y como lo haría con un amigo o un cliente que me solicita apoyo para organizarse y definir sus metas, teniendo la certeza de que esa persona está **absolutamente comprometida con lograr cambios duraderos y espectaculares en su vida, y en todos los niveles**... y espero que también tu te sientas comprometido contigo mismo en pagar el precio que sea necesario para experimentar estos cambios, ya que los siguientes ejercicios requieren de un profundo compromiso.

Tres recomendaciones para realizar los siguientes ejercicios:

1) Primero, lee dos o tres veces cada ejercicio, sin meditar sobre alguno en específico. Esto responde a una necesidad mental de reconocer el terreno que se va a pisar.

Completar todos los ejercicios y resúmenes de este apartado, podría requerirte unas 6 u 8 horas de trabajo reflexivo, que podrías dividir en varios horarios o días, como te resulte más cómodo.

Busca el tiempo: levántate más temprano, mira menos televisión, acuéstate una hora más tarde, sáltate la siesta, o lo que sea, pero NO DEJES DE DEDICAR UNA POCAS HORAS a contestar a estas preguntas... **Es MUY IMPORTANTE.** Confío en ti, ¿de acuerdo?

2) Busca un lugar tranquilo donde nadie te moleste y ve avanzando uno a uno en cada ejercicio. Tienes que estar alerta y anotar todas las reflexiones e ideas que te surjan. NUNCA pienses que una idea, un pensamiento o reflexión que resulte de este proceso, es algo absurdo o que no sirve.

Simplemente limítate a anotar todo, ya tendrás tiempo para quitar lo que consideres poco importante. NUNCA debes juzgar tus respuestas como correctas e incorrectas, sencillamente son TUS RESPUESTAS.

3) No es lo mismo el "placer en el corto plazo", que la "satisfacción en el largo plazo"... Es importante que te centres en descubrir, con la ayuda de estos ejercicios, aquellas cosas que podrían aportarte una **verdadera satisfacción** en el medio y largo plazo, aunque esto suponga tener que renunciar, de vez en cuando, al placer del momento.

¿Estás preparado? Pues comenzamos....

¿Tus momentos felices?

En este apartado, intenta recordar los momentos más felices que has experimentado... ¿Puedes recordar algunas épocas en la que te hayas sentido especialmente feliz? Cuáles han sido algunos de esos momentos especiales de tu vida en los que has experimentado una inmensa felicidad. ¿Lo recuerdas? Tomate unos minutos e intenta recordar uno de esos momentos.

Una vez que has identificado ese momento, intenta recrearlo mentalmente. Vuelve al lugar donde experimentaste esa felicidad y recuerda todos los detalles, como si recordaras una escena de tu película favorita. Relájate, concéntrate e intenta identificar, ¿qué fue lo que te hizo sentir de ese modo? ¿Qué fue lo que viste, que tipo de actividad estabas haciendo? ¿Con quién estabas? ¿Qué hiciste, qué escuchaste, qué entregaste, qué experimentaste? Intenta identificar qué fue lo que evocó ese estado de felicidad, que te hizo sentir que no cabías dentro de ti...

Ahora intenta definir, con tus palabras, cuál fue el principio más importante que estaba presente en ese momento. Si tuvieses que resumir con una o dos palabras esa sensación y lo que más valoraste de ese momento, ¿qué sería? ¿Qué dirías?

Nota: los principios son leyes universales imperecederas e invariables, sin los cuáles sería prácticamente imposible convivir en sociedad, como por ejemplo: el amor, el respeto, la libertad, la tolerancia, la paz, seguridad, justicia, fraternidad, amistad, humildad, desarrollo, honestidad, etc...

Repite este mismo ejercicio con los otros dos momentos en

los que hayas experimentado una gran felicidad. Toma nota de todo lo que te venga a la mente. Una vez hayas reflexionado sobre tus momentos más felices, intenta destacar **los tres principios** que más se repiten. ¿Cuáles son los principios que siempre están presentes en tus estados de felicidad y plenitud, y que consideras son los más importantes a tener en cuenta?

➚ _____
➚ _____
➚ _____

Regresando a tus sueños

Puedes recordar lo que pensabas ser y hacer cuando tenías 18, 20 o 25 años. En esa época en la que creías fervientemente que podrías conseguir todo lo que te propusieses, en la que quizás quisieses cambiar o salvar el mundo, ¿en qué pensabas?, ¿qué cosas, qué actividades, qué heroicidades que te mantenían ilusionado, motivado y en pleno dominio de tus recursos? ¿Cuál era entonces tu mayor ambición?

Te hablo de ese sueño, de ese pensamiento que nunca te ha abandonado por completo, y aunque permanezca difuminado, en ocasiones aflora con más fuerza y claridad cuando ves alguna escena, o un reportaje, o lees un libro, o escuchas una conferencia, o una canción, o te encuentras con alguien especial, etc.... ¿Sabes a qué me refiero?

Intenta regresar a esa época y detallar ese sueño oculto que te hacía vibrar... Descríbelo de manera breve y con tus palabras, como si de un cuento se tratase, donde tu eres el protagonista.

_____
_____
_____

¿Qué es lo que más disfrutas hacer?

¿Qué harías si te quedasen sólo 30 días de vida? Imagina que el adivino más prestigioso del mundo, famoso por su gran acierto en hacer profecías, te llamara hoy mismo y te asegurara que sólo tienes 30 días para disfrutar de tu vida, pero que estos 30 días los vivirás con plena salud y gran energía. ¿Qué harías?

Se que esta pregunta resulta un poco difícil de contestar, pero tener una respuesta lo más específica a la misma, te resultará de gran utilidad para el propósito de esta obra.

Además, ¿no crees que el hecho de pensar que tenemos **toda una vida por delante** para hacer todo lo que nos gustaría, sea un pensamiento un tanto presuntuoso?

Después de todo, tú y yo, como todas las personas de este mundo, tenemos nuestras horas contadas. Lo que sucede es que la mayoría de las personas sólo tomamos conciencia de que se nos agota el tiempo, cuando **ya no disponemos** de mucho tiempo. Pero te invito a la siguiente reflexión:

No se que edad tienes, pero supongamos que tienes 30 años (estás en la flor de la vida), y que vivirás hasta los 75 años con una magnífica salud, algo que anhelan muchas personas. Esto significa que aún tienes unos 45 años para vivir plenamente.

Sin embargo, teniendo en cuenta que dormimos una media de 8 horas diarias, lo que implica que nos pasamos durmiendo 17 semanas al año, podríamos decir que sólo *Vivimos 35 Semanas Al Año*. Con lo cual, te quedarían sólo 1.575 semanas de vida.

Te invito a que saques tu particular cuenta y tomes consciencia de que no disponemos de todo el tiempo del mundo, y valores así la importancia de VIVIR INTENSAMENTE Y CON DIRECCIÓN, el tiempo que se nos ha asignado para vivir.

Sólo por un momento, te pido que no confíes en la ilusión de que dispones del tiempo suficiente para hacer lo que realmente disfrutas. Piensa que ahora te quedan sólo 30 días de vida. ¿Qué harías? ¿Harías algo diferente a lo que haces hoy?

¿En qué tipo de actividades invertirías tu tiempo y por qué? ¿Qué estás dejando de hacer hoy, que si te quedaran sólo 30 días de vida, comenzarías a hacer de inmediato?

Existen actividades específicas que tú disfrutas hacer de una manera especial. No necesariamente tienen que ser actividades lúdicas; pueden ser actividades profesionales, de superación y formación, de investigación, de contribución, de entrega, etc. Por favor, no dejes de hacer este importante ejercicio.

Primero, describe con la mayor amplitud posible todas las cosas terrenales que te gustaría hacer, tener, compartir y sobre todo, las que te gustaría DEJAR como testimonio de tu paso por la vida, antes de irte de este mundo.

Lo segundo que te pido que hagas, una vez terminada tu lista, es calificar en orden de importancia las acciones de tu lista. Imagina que de los 30 días de vida, sólo te queden 5. ¿A qué actividades darías prioridad?

Entonces, ¿cuáles son las tres cosas, las tres actividades a las que dedicarías más tiempo y más entrega, si te quedasen tan sólo 30 días de vida?

➚ _____
➚ _____
➚ _____

¿Estás dejando de disfrutar HOY de algunas de estas actividades?

¿Cómo sería una semana IDEAL en tu vida?

Ahora quiero pedirte que hagas un simple ejercicio de visualización creativa… Es decir, quiero que logres visualizar algo que aún no ha ocurrido, pero que te encantaría que ocurriese, ¿de acuerdo?

Quiero que visualices y describas, con el mayor nivel de detalles, cómo sería una semana en tu vida. Por un momento olvídate de los límites y las limitaciones reales o imaginarias, físicas o mentales que existen hoy en tu vida y piensa que no existe ni el más mínimo obstáculo que pueda impedirte alcanzar todo lo que quieres.

Teniendo esto en cuenta, ¿cómo te gustaría que fuese **la semana ideal** en tu vida, dentro de tres años? Es decir, partiendo del día de hoy en el que estás leyendo estos ejercicios, si consiguieses conquistar todo aquello que te gustaría, ¿cómo sería tu vida? ¿Dónde y cómo vivirías? ¿Qué tiempo dedicarías a tu negocio o profesión actual? O quizás hayas emprendido en una nueva actividad profesional, ¿en cuál y que metas has alcanzado en estos tres años?

¿Con quién vivirías y que tipo de amigos y socios tendrías? ¿A dónde viajarías? ¿Qué nuevas habilidades aprenderías y/o desarrollarías? ¿Cómo sería un día en tu vida; a que hora te levantarías y qué actividades realizarías? ¿Qué leerías? ¿Qué deportes o disciplinas practicarías? ¿Cómo sería tu dieta?

Es necesario que sueñes y hagas una descripción lo más exacta y creativa posible. Limítate a soñar y hacerlo en grande. No comiences a minar tu propio camino, porque no existe ABSOLUTAMENTE NADA que te impida disfrutar del estilo de vida que deseas, a no ser tú mismo. Además, no vas a pagar nada por ello... Es una Creación de tu imaginación. UTILIZA y ENTRENA tu imaginación, ya que es la única manera que tiene para CRECER.

¿Cuáles son tus principales roles?

Otro aspecto importante que debes determinar en este ejercicio, son tus principales roles. ¿Qué es un rol? Un rol no es más que la función que desempeñas en cada una de las áreas de tu vida. Es el papel que representas en cada actividad de tu vida, como un todo. Existen **tres áreas fundamentales** a tener en cuenta a la hora de definir tus roles:

El área personal: son roles como los de ser padre o madre, hijo/a, esposo/a, amigo/a, hermano/a, etc.

El área profesional: son roles relacionados directamente con la profesión o trabajo, como ser director de una empresa, educador, vendedor, propietario de un negocio, programador de sistemas, líder de un equipo, emprendedor, comunicador, asesor financiero, consultor de empresas, ganadero, importador, inversor en bolsa, etc.

El área social: son los roles que te facilitan interactuar en sociedad, ya sea para servir a esta o no. Por ejemplo, dirigir una comunidad, pertenecer a una asociación benéfica, o a un club de tenis, o presidente de la asociación de padres, o voluntario en la Cruz Roja, etc...

Pues el propósito de este ejercicio es que logres identificar de un modo consciente, los **cinco roles** (pueden ser menos) a los que HOY estás dedicando más tiempo, dinero, esfuerzo y emociones. Por ejemplo, podría ser algo así:

Actualmente, el rol que más tiempo y energías me consume, es el de director de mi pequeña empresa, y el segundo rol fundamental en mi vida, es el de ser Padre, y luego esposo... y por último, orador en una asociación.

Este es un ejercicio diferente para cada persona. Pero es importante que identifiques los principales roles donde HOY, estás invirtiendo tu tiempo, dinero, esfuerzos y emociones...

Entonces, ¿cuáles son tus cinco principales Roles? Enuméralos del 1 al 5, teniendo en cuenta que el 1 es al que más tiempo le dedicas y el 5 al que menos. Por ejemplo:

1°) Padre.
2°) Propietario y/o director de x empresa.
3°) Esposo.
4°) Hijo.
5°) Estudiante.

¿Ya los tienes identificados?... Bien, ahora quiero que respondas a las siguientes preguntas. ¿Crees que existen roles que para ti son importantes y a los que prácticamente estás desatendiendo hoy? ¿Te sientes realmente satisfecho con la distribución anterior y cómo ésta está afectando a tu vida?

... Y en el futuro, el día de mañana, ¿cómo te gustaría que fuesen las cosas? ¿Te seduciría que dentro de 1, 2 o 3 años, pudieras representar la anterior distribución de otro modo, donde por ejemplo, dedicarás más tiempo a unos roles que a otros, según lo que **más valoras** y lo que **mayor satisfacción personal** te aportaría? ¿Cómo de diferente preferirías que estuviese organizada esta lista en el medio plazo?

Pues bien, ahora ya sabes lo que resta por hacer. Debes repetir el ejercicio de los roles, pero esta vez visualizando el cambio y representando cómo te gustaría que fuese esta lista en el futuro... Detalla los 5 roles a los que dedicarás más tiempo en el futuro, igualmente en orden de importancia:

1º) _____
2º) _____
3º) _____
4º) _____
5º) _____

¿Cómo te gustaría ser recordado?

Imagina que estás en una gran sala. Un lugar elegantemente decorado con tonos pasteles, cortinas, candelabros y una tenue iluminación. El lugar está lleno de personas conocidas, familiares de todo tipo, amigos, vecinos, compañeros de trabajo. Todos reflejan una gran tristeza en su cara. Es un funeral. Te acercas lentamente al ataúd para ver por última vez al difunto y te encuentras cara a cara contigo mismo. Es tu propio funeral. Todos han venido a despedirte por última vez.

Se que resulta algo difícil, pero podrías imaginar y visualizar esta escena, en la que al final, todos seremos protagonistas. Puedes ponerte en situación. Es importante que cierres los ojos, te concentres e imagines esta escena, que más que hablar de la muerte, habla de la vida.

Como parte de la ceremonia, cuatro personas muy allegadas a ti (un familiar muy cercano, un amigo, un colaborador y un representante de alguna asociación o institución a la que pertenecieras) resumirán lo que tú significaste para todos los presentes como familia, como amigo, como profesional, como compañero de trabajo y como persona en general. Cada una de estas 4 personas dispondrá de tan sólo un (1) minuto, para rendir su particular homenaje.

¿Qué es lo que más te gustaría escuchar de cada una de estas personas? ¿Cómo te gustaría ser recordado por tu familia, por tus amigos, por tus colaboradores?

¿Qué te gustaría haber dejado de valor al mundo? ¿Cómo te gustaría haber contribuido con la sociedad? ¿Qué tipo de sentimientos respecto a lo que fue tu persona, te gustaría que sintiese la mayoría de los presentes?

Es muy importante que logres ponerte en situación y reflexiones sobre estas preguntas, ya que, después de todo, si existe algo seguro en esta vida, es que este momento nos llegará a ti, a mí y a cada ser vivo.

Por otra parte, debes tener muy presente que estas personas **no se inventarán** los elogios y los cumplidos que transmitirán; *"ellos no improvisarán tu vida, ni el tipo de persona que has sido"*, ellos sólo serán los oradores que revelarán el guión que TÚ dejarás escrito, y este guión **ya lo estás escribiendo HOY, AHORA.**

¿No crees que sería prudente e inteligente, ahora que aún estás a tiempo, tomar conciencia sobre este asunto y comenzar a trabajar en la calidad y los detalles de TU GUIÓN de VIDA?

Si realizas bien este ejercicio, comenzarán a destacar algunos de los principales valores y principios que guían, o deberían guiar tu vida. Anota en tu libreta de trabajo todo lo que te venga a la mente. Es un ejercicio sumamente poderoso.

Resumen del ejercicio

Ahora que ya has completado cada ejercicio, deberías tener un resumen en tu libreta de trabajo con los siguientes puntos:

↗ Tus tres momentos más felices y los tres principios más importantes que estaban presentes en esos momentos.

↗ Una breve descripción de tus sueños.

↗ Una breve descripción de las tres cosas que más disfrutas hacer.

↗ Una breve descripción de cómo te gustaría que fuese una semana en tu vida.

↗ Tus 5 principales roles en la actualidad y los roles que te gustaría jugar en el futuro.

↗ Una breve descripción de cómo te gustaría ser recordado como familia, amigo, profesional y socialmente.

Ahora que tienes bien definidos todos estos resúmenes, te recomiendo que los leas varias veces e intenta sacar tus propias conclusiones de todos ellos.

Intenta descubrir y poner por escrito, de la forma que más cómodo te resulte, ¿cuáles son los valores y principios que más se repiten?

Es decir, si tuvieses que resumir en una o pocas frases, todas las reflexiones que te han surgido a lo largo de estos ejercicios, de modo que te sirva como **eje central en tu vida**, para tomar decisiones, afrontar riesgos, y por supuesto, para definir una metas coherentes y sólidas, ¿qué pondrías?

¿Cómo resumirías tu esencia vital, lo que más valoras, lo que es realmente importante para ti?

¿Cómo resumirías en uno, o varios párrafos, quién eres, lo que realmente te importa, independientemente de que lo tengas hoy o no, el tipo de persona en que te gustaría convertirte y el estilo de vida que te seduciría disfrutar, teniendo en cuenta los descubrimientos anteriores?

Hay una cita de Stephen R. Covey que a mí personalmente me encanta y siempre la llevo como estandarte, tanto para ayudar a otros, como para ayudarme a mi mismo, y es la siguiente:

"La clave para cambiar, es mantener siempre una idea constante de lo que uno es, de lo que persigue y de lo que valora"

Pues entonces piensa, pon a trabajar a tu mente que para eso está, y redacta un resumen de lo que destacarías como lo más importante de todos estos ejercicios... Fíjate en esas cosas que cuando las lees te hacen tilín :-)

IMPORTANTE: no permitas quedarte paralizado por no saber como hacerlo... Por lo general, la mayoría de las personas tienen una sensación parecida cuando se enfrentan a este tipo de reflexiones y trabajos.

A mi personalmente me costó muchísimo. Yo pagué un precio muy alto sólo por este resumen y después de terminado, lo cambié más de 15 veces en menos de 3 meses, pero esto es normal que suceda, así que no tires la toalla a la primera y haz algo ahora, aunque te suene ridículo, porque ya tendrás tiempo de cambiarlo.

Lo importante es **ACTUAR** y hacer algo **AHORA**, porque en la medida que actúes y practiques ejercicios como estos, tu mente se irá ensanchando y se familiarizará con estos temas.

La Visión que tienes y tendrás de ti mismo y de lo que realmente quieres y esperas de la vida y de ti como persona, ira cambiando y consolidándose en la medida que evoluciones mentalmente, pero hay que comenzar por algo, así que ya sabes, no dejes de hacerlo.

¡¡Ya lo tienes!!

Pues ahora estás preparado para continuar con la definición de tus metas… Con esta última reflexión, con este breve, profundo y elemental resumen de lo que es verdaderamente importante para ti, podré ayudarte a que definas tu "Punto B", de una manera más eficaz.

Vamos allá…

Capítulo III
Y Bien, ¿Cuál es tu Punto B?

Antes de continuar con este apartado de los ejercicios, quiero volver a destacar un tema bien importante:

No confíes en que los resultados que están emanando de cada uno de estos ejercicios y las conclusiones a las que estás llegando, sean DEFINITIVAS.

Te recomiendo que hagas todos estos ejercicios con la seriedad que requieren, pero también quiero pedirte que no te tomes tan a pecho los primeros resultados, porque lo más probable es que cambies muchas cosas… así, con este enfoque en mente, podrás avanzar más relajadamente y disfrutar del proceso. Esto es lo importante, que disfrutes y aprendas a conocerte mejor.

No te engañes queriendo establecer, a la primera, unas metas rígidas e inamovibles, porque como te comenté, **tus metas irán cambiando en cantidad, calidad y dirección, en la medida que evoluciones mentalmente**; lo que antes parecía como muy lejano o difícil, ahora lo vez accesible y real. ¿Me explico?

Pues bien, a esta altura ya tienes una definición inicial de algunos aspectos que consideras importantes cambiar en tu vida, cosas sensibles a mejorar y que te ayudarán en este proceso para definir tus metas.

También tienes un resumen que te servirá como una especie de "Constitución Personal", para filtrar todo aquello que quieres, o crees que quieres, y estructurarlo a manera de metas.

Entonces, ahora ha llegado el momento de preguntarte:

¿Qué es lo que Quieres?

Definitivamente el **Éxito Personal**, y esto es aplicable a TODAS las áreas de la vida, comienza por descubrir, de la manera más exacta posible, lo que realmente queremos como personas.

Esta es una verdad tan sólida como el Everest. Son miles los libros y métodos que dan crédito, de una forma u otra, a este básico e imprescindible principio de éxito, pero... ¿y tú?, ¿en realidad comprendes y compartes, que el hecho de conocer y tener claro lo que queremos de la vida, es una de las claves más importantes para triunfar y experimentar así la Satisfacción Personal?

¿De verdad lo crees? SI, ¡Bingo!

Sin embargo, ¿sabes cuantas son las personas que aún comprendiendo la importancia de este principio, no tienen una respuesta clara y operativa a esta pregunta?

Te animo a que lo descubras. Sólo tienes que dedicar unos minutos a preguntar a cualquier amigo, familiar, vecino o colaborador con el que te encuentres, ¿qué es exactamente lo que quiere y espera de su vida?

Si sigues este simple ejercicio de investigación, te vas a encontrar, cara a cara, con otra de las grandes verdades o "creencias" que sustentan a las personas que podríamos destacar como exitosas *"El conocimiento no es poder, es sólo poder en potencia. Nada más"*.

Particularmente, por lo que he podido constatar y aún sigo haciendo, esta es una de las preguntas que resultan más espinosas para muchas personas. Por lo general, la gente cree saber o tener claro lo que quiere de la vida, pero cuando se ven precisadas a responder a esta pregunta, se les viene el mundo abajo. Es como si encima les cayeran cien litros de agua helada.

A mi me ocurría algo similar y en ocasiones sentía una especie de complejo al no tener una respuesta clara a lo que realmente quería de la vida. Me encontraba ahí, sin una respuesta certera, frente a la pregunta más despiadada y difícil de contestar.

Yo creía ser diferente a los demás, ya que todas las "personas normales" sabían lo que querían de la vida y yo no lo tenía claro. Y no sólo eso, sino que el simple hecho de sentarme a reflexionar sobre el tema, me causaba pánico.

Por suerte, tuve el valor de perseverar en mi búsqueda interna, con la ilusión de encontrar la respuesta que tanto deseaba, y he tenido la dicha de ir descubriéndola en mi día a día.

Sin embargo, durante mi propio proceso de auto descubrimiento, me sorprendí al darme cuenta que las personas **verdaderamente diferentes**, eran las que gozaban de una evidente claridad y definición de propósito. Simplemente, yo formaba parte de los normales.

Pero, ¿por qué te cuento todo esto?

Porque si puedo darte un buen consejo para que a ti no te pase lo mismo, lo haré.

Presta mucha atención a lo que quiero explicarte, porque desde mi punto de vista, y espero que también desde el tuyo, comprender la siguiente reflexión te ayudará a mantener una **evolución constante y creciente en todos los niveles de tu vida**. Es algo que he llamado…

"La Paradoja del Cambio Personal"

A lo largo de mi experiencia como Asesor para Procesos de Cambio, y por supuesto, en mi propio trabajo de auto-descubrimiento, he podido percatarme que una de las principales claves que sustentan todo éxito y logro personal, también se convierte, a menudo, en uno de los obstáculos más difíciles de sortear; en un pesado lastre que dificulta el hecho de "Desencadenar" un exitoso Proceso de Cambio.

Y esta clave es la **Precisión** en la definición de aquello que queremos.

Por supuesto, no pongo en duda la **eficacia y el poder** que encierra el hecho de conocer, de una **manera precisa**, aquello que queremos como personas y lo que esperamos de la vida, sin embargo, también es importante percatarse de que el hecho en si de INTENTAR CONTESTAR a la pregunta "qué es concretamente lo que quiero", con una elevado nivel de precisión y claridad desde un inicio, muchas veces PARALIZA.

Son muchísimos los libros y métodos que, acertadamente, animan al lector a responder y definir por escrito, preguntas como: ¿qué es REALMENTE lo que quieres? EXACTAMENTE, ¿qué es lo que esperas de la vida? ¿Define de MANERA PRECISA, lo qué VERDADERAMENTE persigues y ambicionas?

Si ahora tú, que estás leyendo esta Guía, tienes la fortuna de tener respuestas claras y concretas a estas preguntas, ¡FELICIDADES! Te resultará mucho más sencillo continuar avanzando en este proceso.

De lo contrario, lo que te propongo es que comiences a descubrir aquello que quieres y esperas de la vida, **mediante la definición de metas y objetivos a corto, medio y largo plazo**, basándote en el trabajo que has realizado hasta ahora.

Es decir, que según te resulte más conveniente y coherente, puedes establecer y utilizar tus metas, bajo dos enfoques distintos:

A) Si tienes muy claro lo que quieres de la vida, el tipo de persona en la que te quieres convertir, los logros que quieres cosechar, los valores que quieres cultivar, las cosas que quieres tener, hacer y experimentar…

Es decir, si tienes una **Visión Personal** a largo plazo (5, 10, o más años) lo bastante nítida de lo que quieres que sea tu vida, deberás establecer tus metas de tal manera que estas te conduzcan a materializar tu visión.

Tus metas serán un **Vehículo** para experimentar todo aquello **que ya sabes que quieres y es importante para ti.**

B) Por otra parte, si aún no tienes una Visión Personal nítidamente definida, en la que se sintetice todo aquello que verdaderamente valoras y quieres de la vida, tus metas podrían convertirse, entre otras cosas, en un **Vehículo para ayudarte a descubrir**, en el día a día, aquello que realmente quieres de la vida.

Pero por favor, es IMPORTANTE que seas muy sincero contigo mismo. No tiene nada de malo el que te identifiques en el grupo B, porque de hecho, según estadísticas, me atrevería a asegurar que más del 95% de las personas que están leyendo esta Guía, se identificarán más claramente con el grupo B, y yo me incluyo entre ellos.

Créeme, es inmensamente estimulante ACEPTAR que uno está en el grupo B y emprender, de manera consciente, un proceso de redefinición y conquista de nuevas metas y objetivos, y que a lo largo de ese camino, vayamos descubriendo quienes somos y que queremos en realidad.

Para todo lo anterior, quiero compartir contigo un método simple que te ayudará a estructurar en tu mente, las ideas que necesitarás para continuar avanzando de manera práctica. Quiero ponerte las cosas muy fáciles, porque lo que realmente me interesa, es que NO TE DETENGAS.

Para ello, te propongo que nos centremos en dos conceptos bien tangibles, sobre los cuales trabajar:

Tiempo y Dinero.

Abre una nueva página de tu cuaderno o libreta de trabajo, que comenzamos un nuevo ejercicio.

Ahora quiero que sueñes y des rienda suelta a tu imaginación... Toma notas de todo lo que te venga a la mente, sin temor.

SUEÑA: partiendo del día de hoy, fecha en la que estás haciendo estos ejercicios, piensa que ya han pasado tres años, es decir, transportarte TRES AÑOS hacia el futuro... Por el momento no es tan importante que te veas a ti mismo en el futuro, aunque si logras conseguirlo, te resultara de gran ayuda.

Sólo quiero que reduzcas a pocos minutos, los próximos tres años que tienes por delante… ¿De acuerdo? Al fin y al cabo, si no hay ninguna desgracia, serán los 3 próximos años de TU VIDA.

Ahora bien, con este enfoque en mente, quiero que pienses, reflexiones y anotes en tu libreta de trabajo, ¿de cuanto dinero te gustaría disponer, y de cuanto tiempo libre?

Permíteme enfocarte la pregunta de una manera más específica.

Dentro de tres años, siendo realista, pero también ambicioso y positivo (por favor, no seas tan restrictivo, es sólo una pregunta y un trabajo para tu imaginación), ¿cuáles te gustarían que fuesen tus ingresos anuales?

Por ejemplo, si hoy estamos en el inicio del año UNO, ¿cuáles te gustarían que fuesen tus ingresos netos a finales del año TRES? O si lo prefieres y logras verlo mejor, podrías determinar tus ingresos mensuales. Es decir, ¿cuáles te gustarían que fuesen tus ingresos netos mensuales, dentro de tres años? Unos ingresos medios.

Imaginemos que hoy (en los inicios del año UNO) tienes unos ingresos netos de 2.000 Dólares mensuales, de media. Mi pregunta es, ¿qué ingresos mensuales quieres tener dentro de **tres años** (a finales del año TRES), siendo objetivo, pero también ambicioso? ¿3.500, 4.000, 10.000, 20.000 Dólares?

Esto es lo primero que debes definir, y por favor, como ya te expliqué, NO SEAS NI INCRÉDULO, NI PESIMISTA… No hay nada de malo en que DESEES Y ALCANCES ingresos muy superiores a los que actualmente tienes. Por el momento SUEÑA Y PIENSA EN GRANDE.

Lo creas o no, tú mereces cosechar los mismos éxitos económicos que el empresario más exitoso de tu ciudad, y créeme, son muy pocas las BARRERAS REALES que podrían impedírtelo… Más bien son las limitaciones mentales las que te frenan.

Es decir, puede existir un obstáculo inmensamente denso y complicado de sortear y que puede "IMPEDIRTE" que conquistes cualquier éxito económico, pero ese obstáculo es imaginario y está en tu mente. Tú eres el primer y mayor responsable de despejar el camino hacia el éxito económico, y todo comienza por definir la pregunta anterior.

Piensa una cosa antes de contestar: definir la "cantidad" de dinero (una cifra exacta) que te gustaría disfrutar dentro de tres años, es el primer y más importante paso para hacer que esa cantidad sea una realidad, así que NO TE LIMITES.

Por lo general, lo que pides es lo que recibes, así que no "pidas" una cantidad con la que realmente no estarías conforme, porque es muy probable que sea lo que tengas. Se práctico, pero sueña en grande. Recuerda…

> *La "verdadera frustración no consiste en NO ALCANZAR las metas propuestas, lo verdaderamente triste y dramático, es NO TENER metas que perseguir, o tener metas tan insípidas y tímidas, por las que apenas valga la pena levantarse cada día. Metas que más que alentar, alimenten la desilusión. Así que ya sabes lo que tienes que hacer.*

Una recomendación: algo que debes tener en cuenta y que te ayudará a evitar limitaciones en este sentido, es quitarte de la mente, por un momento, los MEDIOS o CANALES por los que **actualmente** estás generando tus ingresos.

Es decir, si HOY estás generando unos ingresos mensuales de 2.000 Dólares, gracias a un determinado trabajo o varios, o a un determinado negocio o varios, o simplemente tienes un negocio que te deja estos INGRESOS PERSONALES, gracias a que comercializas una determinada cantidad de productos y/o servicios, OLVIDALO TODO…

Sólo te pido que **PIENSES EN TI** y en los ingresos netos personales que te gustaría obtener mensualmente dentro de tres años, INDEPENDIENTEMENTE de los medios o canales por los que estos ingresos se hagan efectivos … ¿Me explico?

Entonces, ¿cuáles te gustarían que fuesen tus ingresos mensuales dentro de tres años? Define una cantidad y ponla por escrito en tu libreta de trabajo, sin que te tiemble la mano.

Por ejemplo, podrías poner algo así: mis "Ingresos Netos Personales" para diciembre del año TRES (la fecha que definas) serán de xxx Dólares mensuales (con la cantidad y tipo de moneda que corresponda).

No deberías continuar hasta que no definas esta meta, porque es bien importante.

¿Seguro que ya has definido la pregunta anterior? Pues bien, continuemos.

Ahora te pediré que hagas exactamente lo mismo con tu tiempo. Es decir, que definas de cuanto tiempo libre te gustaría disfrutar dentro de tres años. Esta es una pregunta un tanto especial ya que cada persona tiene una visión, más o menos definida, de cómo le gustaría disfrutar de su tiempo, y tú deberás definir cuál es tu visión en este sentido.

Para hacerlo más simple y poder ayudarte en tu respuesta, voy a plantearte la pregunta desde otro punto de vista.

¿Cuanto tiempo mensual o semanal, como mejor lo veas, te gustaría dedicar dentro de tres años, a generar los Ingresos Netos Personales que definiste en la pregunta anterior?

Por ejemplo, imaginemos que has establecido como meta para finales del año TRES (a tres años), obtener unos ingresos netos personales de 5.000 Dólares mensuales, ¿correcto? Es decir, que desde el mes de enero del año UNO, hasta el mes de diciembre del año TRES, tu media de Ingresos Netos Personales habrá subido a 5.000 Dólares mensuales.

Pues mi pregunta es, ¿qué **tiempo personal** te gustaría dedicar a generar estos ingresos? ¿Cuántas horas trabajarás como promedio?

Quizás consideres que puedes generar estos 5.000 Dólares mensuales, trabajado unas 20 o 30 horas semanales, o quizás no... ¿Cómo lo ves tu?

Bueno, ahora mismo es muy probable que sientas como tu mundo ideal se derrumba, ya que los **paradigmas que HOY rigen en tu mente**, perciben como algo lógico – como una consecuencia - que duplicar los ingresos, equivale a duplicar el esfuerzo y el tiempo para conseguirlos, ¿verdad?

Por ejemplo, Si HOY dedicas una media de 50 horas semanales a trabajar para otra empresa o para tu negocio, da igual, y a cambio estás obteniendo unos ingresos netos personales (por salario, por beneficios del negocio o lo que sea) de 1.500 Dólares, y te has propuesto como meta a tres años generar unos ingresos medios mensuales de 5.000 Dólares, quizás con esta pregunta estés pensando que vas a necesitar trabajar más horas de las que físicamente tiene una semana, sin dormir ni comer, para llegar a estos ingresos, ¿cierto?

Si es así, si estás experimentando estas sensaciones, sólo te pido que NO TE PREOCUPES ahora por esto... **Simplemente sueña.** Confía en mí.

Esta pregunta sobre el tiempo de productividad que vas a destinar a ganar dinero, la he incluido para que establezcas tus metas de un modo algo más realista, y no sueñes por soñar, pero nuevamente te animo a que no seas pesimista. Ahora lo más importante es *Soñar En Grande.*

Más adelante te guiaré para ayudarte a que descubras por ti mismo los "CÓMOS". Es decir, te guiaré para que descubras las mejores posibilidades de las que dispones para alcanzar los ingresos que te has propuesto, en el tiempo que has definido.

En un final, los 5.000 Dólares mensuales que te has propuesto como metas (siguiendo con el ejemplo) se podrían MATERIALIZAR de diversas maneras y es muy probable que HOY NO SEAS CAPAZ DE VERLAS.

Y por otra parte, también podrías materializar esos 5.000 mensuales, dedicando 1 hora semanal o 60 horas... todo depende de la cantidad que dinero que te hayas propuesto ganar, de los medios o canales por los que estos ingresos **podrían hacerse efectivos**, y de tu capacidad para idear y generar nuevos canales, nuevos negocios, nuevos empleos, nuevos activos, etc.

Y también influirá tu capacidad para delegar, organizar tu tiempo y otros temas que ya veremos.

Por el momento, sólo quiero que sueñes y que establezcas una meta en este sentido. Y cuando definas el tiempo que dedicarás a trabajar y generar los ingresos (meta económica) que has determinado en el apartado anterior, deberás responder a la pregunta que inicialmente te realicé: ¿de cuanto tiempo libre te gustaría disfrutar dentro de tres años?

Con la respuesta a esta pegunta, cerramos un ciclo MUY IMPORTANTE. Antes de continuar al siguiente paso, asegúrate de que tengas **por escrito**, algo así:

Metas a tres años:
- Mis Ingresos Netos Personales dentro de tres años, serán de 5.000 Dólares mensuales (la cantidad que hayas definido para ti).
- El tiempo semanal que <u>personalmente</u> dedicaré a generar estos ingresos, será de 30 horas semanales. Es decir, que sólo trabajaré una media de 6 horas diarias.
- Dentro de tres años, disfrutaré de todos los fines de semana y todas las tardes libres, y me tomaré 2 vacaciones al año, de 20 días cada una.

Esto es a modo de ejemplo, pero quiero que lo dejes definido en tu libreta de trabajo, antes de continuar... **ES CRÍTICO** terminar este ejercicio. Te pido que NO CONTINÚES hasta tenerlo por escrito.

Como verás, sólo hemos trabajado en dos conceptos básicos y tangibles, TIEMPO Y DINERO... Pero aún quedan cosas muy interesantes por desarrollar.

Pero antes de continuar, vamos a...

Inspeccionar Tus Metas

Ahora que ya has realizado una definición inicial, en cuanto al tiempo libre y el dinero del que te gustaría disfrutar a tres años, aprovecharé la oportunidad para explicarte otro de los aspectos fundamentales a la hora de establecer metas, y quiero que desde este momento, tengas bien presente este enfoque para continuar avanzando con mayor efectividad.

Las metas o indicadores que vayas definiendo, y al final de esta Guía pasaremos todo el trabajo que realices por <u>este filtro</u>, deben cumplir los siguientes requisitos:

A) Se deben poder medir de algún modo.

B) Debes sentir que son humanamente alcanzables, sin llegar a limitarte.

C) Por supuesto, deben estar por escrito.

D) Deben ser motivantes e inyectarte de ilusión el sólo hecho de imaginarte con ellas ya conquistadas. Es decir, deben ser metas que EXPANDAN tu Vida más allá de tus límites y limitaciones (veremos más de esto a continuación)

E) Deben ser coherentes con lo que realmente valoras, que no es más que el filtro de definiste en el ejercicio de valores y principios.

Y bien, explicado esto, podrías verificar si lo que has definido hasta el momento, cumple con estos parámetros... Por ejemplo, la cantidad de dinero que te has propuesto alcanzar y disfrutar a tres años, ¿es exacta? ¿Has definido una cifra concreta?

No valen los más o menos, ni los aproximados. Quiero que seas exacto en este apartado. Por ejemplo, deberías definir por escrito algo así: en el año TRES, tendré unos ingresos personales netos de 55.000 Dólares, lo que me supondrá unos ingresos netos mensuales de 4.583 Dólares.

¿Lo tienes definido así? ¿Y lo tienes por escrito? ¡Genial!

NOTA: En este punto SI debes ser CONCRETO. Es decir, debes definir una cifra EXACTA. Más adelante, dentro de algunos meses, cuando hayas crecido mentalmente, podrás cambiar estas metas de Dinero y Tiempo Libre, ajustándolas a tu capacidad de VER lo que HOY NO VES, y a la Auto-Confianza y Auto-Imagen que hayas desarrollado sobre la posibilidad de materializarlas, pero es vital que HOY Y AHORA establezcas cantidades exactas y las escribas en tu libreta.

Ahora te pregunto, independientemente de que hoy te lo creas más o menos, ¿realmente ves posible que una persona pueda alcanzar estos ingresos en tres años, sin contar con la posibilidad de un golpe de suerte como la lotería, una herencia, etc.?

No te estoy preguntando si crees posible que **tú los alcances**, porque eso lo veremos más adelante, sólo quiero que te familiarices con la idea de que **es posible** que una persona normal, como tu y como yo, con el mismo sistema digestivo, con las mismas 24 horas y respirando el mismo oxígeno, lo pueda lograr.

Ahora que hemos verificado estos puntos importantes, te pregunto, ¿realmente te motivaría perseguir estas metas? ¿Crees que te estimularía levantarte cada día con la intención de alcanzar estas metas, de disfrutar de esos ingresos y ese tiempo libre?

Por el momento no hace falta que saltes de alegría sólo con pensar en estas metas :-) Me vale con que sientas que es algo por lo que **vale la pena pagar el precio** de emprender un Proceso de Cambio para conseguirlo.

Ahora bien, aún no sabes si las metas que has definido hasta ahora, cumplen o no con el punto 5, pero eso lo estudiaremos en un próximo capítulo.

Antes de continuar en el proceso de definición de tus metas, quiero hacer un paréntesis para analizar un tema que también es muy importante que tengas presente, a lo largo de tu Proceso de Cambio...

"Tu VIDA" es mucho más Grande que "Tu MUNDO"

Nuestra vida (tu vida), y la calidad e intensidad en como la vivimos, está enmarcada por nuestros límites y limitaciones, ya sean "reales e imaginarios".

Todos vivimos dentro de un **perímetro preestablecido por nuestros propios límites y limitaciones,** ya sean físicos, mentales o emocionales, y por lo general, dentro de ese perímetro nos sentimos cómodos. Es nuestra zona de Confort: **"Nuestro Mundo".**

Y no tiene nada de malo que una persona viva y se relacione dentro de su Zona de Confort – su mundo - lo que pasa es que para algunos es un perímetro **muy reducido,** que sin ser conscientes de ello, les deja muy poco margen para maniobrar, crecer como personas y potenciar su SER.

Por ello, lo que marca la gran diferencia entre unas personas y otras, es la **amplitud de su perímetro** –el tamaño de su mundo... Y las Metas juegan un papel fundamental en la expansión de tu mundo.

Es cierto que existen límites reales que pueden resultar un obstáculo para que una persona consiga expandir su mundo, como son algunas *deficiencias físicas o mentales,* y es bueno conocer cuales son estos límites para no sobrepasarlos sin necesidad, a no ser que sea imprescindible hacerlo en un momento dado.

Sin embargo, la valla que marca nuestro perímetro, por lo general está esculpida por **limitaciones autoimpuestas en forma de creencias y pensamientos.** Son los paradigmas que cercan nuestro mundo, y que son reales sólo para nuestros intereses temporales – mantenernos cómodos y a salvo, en nuestra Zona de Confort.

Acercarse a esos límites es, por lo general, doloroso y molesto. Es como acercarse a una valla electrificada. Cuando eres tú quien decides tocar voluntariamente esos límites, tienes la opción de volver a la protección de tu Zona de Confort, pero muchas veces es alguien (o algo) externo quien te arrastra – porque te dejas arrastrar – más allá de tus límites, lo cual puede resultar en una mala experiencia.

Pero es IMPORTANTE que tomes consciencia de cuales son los límites y las limitaciones físicas, mentales y emocionales que HOY confinan **"tu vida a tu mundo"**, y analices si en esa Zona de Confort vas a experimentar todo aquello que te hará feliz y próspero, en todos los sentidos y roles de tu vida… Por ejemplo, ¿las metas de Tiempo y Dinero que has definido, te van a empujar más allá de tus limitaciones actuales, de los muros de tu Actual Mundo?

Es decir, adaptando este enfoque al proceso de definir Metas personales y profesionales, podríamos decir que tienes dos opciones:

Opción A: definir metas que se ajusten a lo que HOY es tu mundo. Establecer Metas dentro de tus "límites y limitaciones", con las que te sientas cómodo, sin importar el potencial real que puedas dejar de desplegar.

Opción B: definir metas que te motiven a tocar y/o sobrepasar los límites y limitaciones que hoy te mantienen cómodo en tu mundo, pero que definitivamente sabes que están confinando a tu SER.

Es mejor definir metas dentro de nuestros límites, a no definir nada, pero indudablemente, TU ERES MÁS que tu mundo actual. TU POTENCIAL no tiene fronteras, y es tu deber expandirlo dentro de un Proceso de Cambio Personal que, mediante acciones conscientes, te permitan **Tocar y Expandir tus límites y limitaciones**, en el día a día.

Lo interesante y peligroso de tus límites y limitaciones, es que tienen el respaldo de tu cerebro, por lo que tú – TU SER - debe tomar el control.

Tu actual sistema de creencia y los paradigmas que dan forma a tu mundo sobre lo que es posible y lo que no, es algo que NUNCA va a cambiar, al menos que hagas un esfuerzo extra y consciente para ello, o que vivas una experiencia personal que remueva tu mundo.

¿Por qué no va a cambiar? Porque pensar como hoy piensas y actuar como actúas, resulta eficiente para tu cerebro, energéticamente hablando.

Tu cerebro tiene billones de conexiones neuronales y sinápticas **preestablecidas**, para dar una respuesta rápida y eficiente a determinadas situaciones e impulsos nerviosos.

Es decir, energéticamente, a tu cerebro le **conviene ser reactivo** frente a los diferentes estímulos (físicos, mentales o emocionales) porque así ahorra energía en la toma de decisiones. Detenerse a pensar y reflexionar sobre un hecho específico, siendo pragmáticos y objetivos en el análisis, es algo que **consume mucha energía**. Por eso a muchas personas les resulta difícil y pesado pensar y ser proactivos. Les da pereza.

Entonces, es tu responsabilidad – la de tu ser – tocar y desafiar tus límites y limitaciones, y mantener un pulso con ellos, hasta que poco a poco los vayas venciendo y expandiendo... Y esto es algo que debes tener presente a la hora de definir tus metas.

Imagina los límites y limitaciones que hoy **Cercan tu Mundo**, como una valla de plastilina que ha perdido parte de su plasticidad. Esa plastilina está compuesta por las creencias, las experiencias, los valores y principios que has absorbido y te han inculcado a lo largo de tu vida.

Tener el valor, la voluntad y la perseverancia de desafiar tus límites y limitaciones, equivale a acercarte a esa valla y comenzar a ejercer presión sobre ella hasta que consigas ablandarla y devolverle su estado natural de gran plasticidad, lo que te permitirá moldearla y expandirla a voluntad.

Te pongo este ejemplo en concreto, porque de hecho, es algo que tu cerebro puede hacer. Es un fenómeno que los científicos llaman: **Neuroplasticidad.**

*"La Neuroplasticidad es la capacidad y habilidad del cerebro para **modificar su propia estructura interna**, creando nuevas neuronas y conexiones sinápticas que se adapten a las exigencias externas"*

Llevando este concepto a una comparativa entre el Hombre y la Máquina, podemos decir que tu CEREBRO es un órgano que forma parte de tu cuerpo; es decir, es un componente de tu HARDWARE, y tu MENTE es la unidad central del SOFTWARE donde corren todos los Programas (genético, supervivencia, digestivos, respiratorios, sentimientos, procreación, etc.) y TU (tu ser, tu alma, tu espíritu) eres el PROGRAMADOR: En cierto sentido, **TU MANDAS.**

- **Tu Cuerpo** = equivale al *Hardware* de un ordenador (todo lo que puedes tocar)
- **Tu Mente** = equivale al *Software* de un Ordenador. Los programas que no puedes tocar y que son los que hacen que el ordenador como un todo, y el programador, "consigan ciertos resultados".
- **Tu SER** (quien habita dentro de tu cuerpo) = equivale al *Programador*. Es el Programador quien comanda al ordenador. El que cambia, mejora, elimina y/o agrega diferentes programas (software) y componentes (hardware). El Programador es, en realidad, **el que hace que las cosas sucedan.**

Y según los estudios sobre la Neuroplasticidad, tu Cerebro es un Hardware con capacidad de **readaptarse a las exigencias externas,** y esas exigencias pueden venir del Programador: **Son TUS**

EXIGENCIAS… Eres tú mismo, avisando a tu cerebro y a tu mente, que es hora de **hacer cambios** que permitan EXPANDIR y/o ELIMINAR tus límites y limitaciones.

Entonces, el hecho de EXPANDIR tus Límites y Limitaciones, es un trabajo y una misión que depende absolutamente de ti, de tu manera de pensar y de actuar… Por eso, es importante que tus metas te motiven a tocar y expandir tus límites y limitaciones, hasta que tu mente se adapte al "Nuevo Entorno".

¿Aceptas el reto?

Capítulo IV
¿Qué quieres comprar con ese tiempo y ese dinero?

Pues bien, ahora estás frente a una excelente pregunta.

Ya tienes definidas unas metas iniciales sobre dos indicadores importantes y determinantes (tiempo y dinero), los cuales podríamos decir que regirán todo lo demás.

Entonces, la pregunta que ahora te corresponde contestar es: ¿qué es lo que te gustaría **comprar** (experimentar, hacer, tener, compartir, etc.) cuando dispongas de esa cantidad de dinero y de ese tiempo libre?

Abre una nueva página de tu cuaderno o libreta de trabajo, que comenzamos un nuevo ejercicio.

Siguiendo con las metas en cuanto a **tiempo** y **dinero** que puse como ejemplo hipotético y orientativo en páginas anteriores, te pediré que cierres los ojos y te veas a ti mismo, dentro de tres años.

Imagina que ya estás trabajando sólo 30 horas semanales, unas 6 horas diarias de lunes a viernes… Imagina que tienes todas las tardes y los fines de semana libre, y que te vas a tomar 40 días de vacaciones… También imagina que cada inicio de mes, llega a tus manos un cheque por 5.000 Dólares… ¿Lo puedes ver? ¡Genial!

¿Qué haces? ¿A qué te dedicas en tu tiempo libre? Y en las horas que dedicas a trabajar y producir, ¿qué funciones desempeñas? ¿Disfrutas de ese trabajo y podrías considerar que el mismo es coherente con lo que más valoras hacer y con tus dones naturales?

¿Qué es lo que haces con esos 5.000 Dólares? ¿Qué te has comprado, qué tipo de experiencias estás teniendo? ¿A dónde vas? ¿Qué estudias? ¿Dónde inviertes? ¿Cómo contribuyes? ¿Qué nuevos negocios has creado o tienes planeado crear? ¿Cómo es tu vida? Etc…

Lo que quiero que hagas es que consigas VER con el mayor detalle posible, todo aquello que de forma "planificada y consciente" estás haciendo (en tu visión a tres años) para sentirte **satisfecho contigo mismo,** para sentir que estás viviendo y aprovechando al 100% tus capacidades, potencialidades y posibilidades, contando con los DOS principales recursos de los que dispones: Tiempo y Dinero.

Este apartado de la Guía tiene dos propósitos elementales y cada uno de ellos está pensado exclusivamente para ayudarte a NO caer en la frustración. Me explico:

1º) La primera frustración que quiero ayudarte a esquivar, es la de "comprar" cosas que en el fondo, no signifiquen nada para ti. Ten esta reflexión bien presente, cópiala y tenla a mano donde siempre la puedas ver, al menos tres veces al día, hasta que haya calado tu mente consciente e inconsciente.

"El Dinero sólo sirve para Comprar Emociones y Estados de Ánimo".

Es decir, cuando te compras algo, por lo general lo que estás comprando es la EXPERIENCIA de **tener eso** que has comprado y la emoción y estado de ánimo que te hará experimentar, o incluso, evitar la mala experiencia y la frustración que podrías sentir, si **no consigues tenerlo.** Vamos, que de alguna forma nuestras compras vienen motivadas, básicamente, para que experimentemos un PLACER o evitemos un DOLOR.

Por ejemplo: siendo simplistas, podríamos decir que la motivación inicial al comprarte un nuevo auto (coche, carro) es adquirir un nuevo **medio de transporte** para trasladarte dentro y fuera de tu ciudad.

Pero sabemos que es algo mucho menos simple que eso. Lo que realmente ejerce una **mayor influencia en TI**, son las características del auto (su línea, marca, modelo, potencia, color, etc.) y todo lo que esas características y sus beneficios, representan para ti. Es decir, todo lo que quieres experimentar y/o "proyectar a tu mundo", cuando estés sentado al volante: seguridad, poder, potencia, aventura, elegancia, velocidad, prosperidad, momentos en familia, importancia, etc. Y lo mismo pasa con casi cualquier cosa que compramos.

Entonces, es importante que desde el principio hagas un trabajo de reflexión para que consigas tener una idea lo bastante clara del tipo de **emociones y estados de ánimo** que te gustaría experimentar cuando dispongas del Tiempo Libre y el Dinero que te gustaría tener.

Y por otra parte, que comiences a definir cuáles serían los vehículos -los medios- (cosas materiales, relaciones, propiedades, cargos, negocios, trabajos, proyectos, etc...) mediante los cuales tu podrías experimentar esas emociones y estados de ánimo, en EQUILIBRIO y armonía con aquellas cosas que realmente valoras y que te han ayudado a ser feliz, como las que descubriste en ejercicios anteriores.

Cuando hayas conquistado tus metas de tiempo y dinero, piensa que cada dólar que saques de tu cartera, cada minuto que emplees de tu tiempo y cada unidad de energía y esfuerzo que gastes, no es más que una inversión que estás haciendo... Y para hacer una **inversión inteligente de tus recursos**, debes meditar sobre las emociones que quieres comprar, para que consigas experimentar satisfacción personal.

Debes evitar invertir tus recursos de Tiempo, Dinero y Esfuerzos, en comprar *"Emociones No Meditadas"*.

Cuando compras emociones no meditadas, por el simple hecho de triunfar socialmente y quedar bien de cara a lo que la mayoría de las personas identifican como éxito o felicidad, lo más probable es que tras un éxtasis temporal, termines por experimentar una sensación de frustración y fracaso personal, que aunque puede ser muy tenue, es probable que nunca te abandone… Y no sólo eso, también te quedarás con la obligación financiera de pagar "eso que compraste".

¿Conoces historias de personas que aún poseyendo una gran fortuna, con fama, salud, etc., acaban con su vida, ya sea de manera radical mediante el suicidio, o paulatina, mediante drogas, alcohol y otras cosas? ¿Por qué crees que terminan así, si lo "tienen todo"?

En alguna parte de esta Guía, te comenté que una de las claves para experimentar una vida plena de auténtico bienestar y sentido, es tener en cuenta la diferencia que existe entre un "placer ficticio" a corto plazo, con la "verdadera satisfacción" a medio y largo plazo.

Lo que quiero es animarte a que descubras y tengas lo más claro posible desde un inicio *-con la información y formación de la que dispones HOY y AHORA-* cuáles son aquellas cosas en las que **te conviene invertir tu tiempo, dinero y esfuerzos.**

Y te recuerdo una vez más: quizás no tengas la "Certeza y la Garantía" de saber qué es exactamente lo que quieres, pero esto no te puede paralizar y hacer desistir del proceso.

Algunos de los clientes que han adquirido esta Guía, me escriben alarmados, explicándome que se sienten inseguros para continuar avanzando en estos ejercicios, ya que hasta el momento no han sido capaces de descubrir los motivos sobre los cuales establecer sus metas.

Me explican que no se sienten **suficientemente seguros** de saber, de una manera clara para ellos, qué es lo que quieren. Se sienten "aparentemente despojados" de toda capacidad para avanzar en esta Guía Práctica. Si este es tu caso, por favor, NO SEAS PERFECCIONISTA.

Si no logras identificar de una manera totalmente nítida, el tipo de emociones que te gustaría experimentar, esos motivos y razones por las que levantarte cada día. Si aún no tienes la certeza de saber cuáles son esas cosas que te gustaría ser, hacer y compartir, NO TE ALARMES.

Decide al menos **UNA META** en este sentido, que aunque no te haga "Tilín" y te emocione el simple hecho de pensar en ella, al menos consideres que representa una **evolución satisfactoria** en tu vida.

Céntrate en esta meta y olvídate de todo lo demás, y más pronto que tarde, verás cómo fluyen nuevas metas en tu mente; verás aflorar nuevas expectativas y nuevos sueños, que darán color y fuerza a tus pensamientos.

Sólo te pido que te "ajustes a la visión que tienes HOY" y que hagas algo AHORA. La única certeza es que todo lo que vayas definiendo en este sentido, irá cambiando en la medida que crezcas y evoluciones mentalmente. Tienes mi palabra.

2º) Y lo segundo que quiero, es ayudarte a que mantengas una coherencia lógica entre aquello que quieres "comprar", y el tiempo y el dinero real del que dispones, o consideras que tendrás, según tus metas.

Permíteme explicártelo de este modo.

Para la mayoría de las personas, el proceso de establecer metas se centra únicamente en definir aquellas cosas que quieren comprar, un coche nuevo, unas vacaciones en Francia, un crucero por el caribe, una guitarra eléctrica, bajar de peso, un nuevo trabajo, iniciar un nuevo negocio, aprender árabe, dejar de fumar, especializarse en fotografía de paisajes, mudarse a una casa más grande, etc... Y todas las demás cosas que ni te imaginas.

Sin embargo, no piensan mucho en los DOS RECURSOS fundamentales (tiempo y dinero), además de la "capacidad de acción", que precisarán para alcanzar estas otras metas; el tiempo y el dinero del que necesitarán disponer para "comprar todas esas cosas".

Con lo cual, muchas veces pasa que las metas que se han propuesto (las cosas que quieren comprar y experimentar) no son coherentes con los dos recursos fundamentales de los que disponen. Por ejemplo: se proponen alcanzar para el próximo año, cinco o seis metas, que nunca podrán materializar con el tiempo y el dinero del que disponen o podrían disponer.

Es como si pretendiesen, inconscientemente, sacar aceite de las piedras. De aquí emanan gran parte de las frustraciones cuando hablamos de establecer metas.

Lo que te estoy proponiendo, es que comiences el Proceso desde atrás hacia delante; desde la visión y el resultado final que quieres alcanzar, hasta la definición de los detalles en los que necesitarás centrarte y trabajar día a día y semana a semana, para que estas cosas sean una realidad.

Es por ello que insisto tanto en que definas tus metas con este método, ya que así evitarás grandes frustraciones, muchas veces inesperadas, aunque previsibles.

Entonces, una vez aclarados estos dos puntos, debes determinar cuáles son aquellas cosas que te gustaría comprar, con el dinero y el tiempo libre de que dispondrás a tres años, y asegurarte de que exista coherencia en estos dos sentidos.

- Que aquellas cosas que quieres adquirir con ese tiempo y dinero, mantengan cierta armonía con aquello que valoras y es importante para ti.
- Y que exista coherencia entre lo que quieres comprar, y las metas económicas y de tiempo libre que te hayas propuesto.

Pero antes de comenzar a filtrar aquellas cosas que quieres, te propongo que hagas un ejercicio muy interesante.

Nuevamente, abre una página en blanco en tu libreta de trabajo, busca un lugar tranquilo y sigue las siguientes instrucciones. Prepárate a soñar.

Has un encabezado (titular) en una nueva página de tu libreta, que diga: todo lo que quiero ser, hacer, tener, experimentar y compartir en los próximos 3 años.

Este es un ejercicio MUY INTERESANTE Y ENRIQUECEDOR, pero para sacar lo mejor de él, debes mantener la siguiente disciplina: dedicar al menos 30 minutos - sin interrupciones - a este ejercicio y comenzar a anotar TODO lo que te venga a la mente, sin levantar el lápiz.

Te parecerá una locura, pero es un ejercicio muy poderoso. Lo que tienes que hacer es obligarte a ti mismo a soñar y anotar todas las cosas que te vengan a la mente, lo más rápido que te resulte posible.

Al inicio, es muy probable que anotes unas pocas cosas y creas que ya es todo, pero no debes abandonar. Quédate sentado, mirando todo lo que has anotado y pregúntate, ¿qué más me gustaría tener, ser, hacer, compartir y experimentar en los próximos tres años, si tuviese todo el dinero y el tiempo del mundo para mí?

En este ejercicio no debes juzgar ni limitarte por el tiempo y el dinero que has determinado. Sólo déjate llevar por tu creatividad y saca a la luz todo aquello de lo que te gustaría disfrutar y que tienes albergado en tu mente, de un modo más o menos evidente.

Por ejemplo, podrías ponerte como meta, para este ejercicio, tener una lista de al menos 50 puntos. 50 sueños por cumplir en los próximos años.

Hagamos un Stop para que realices este ejercicio. Vamos, adelante amigo, dedica 30 minutos de tu tiempo a realizar este ejercicio, AHORA.

Y bien, ¿ya tienes tu lista de sueños? ¡Genial!

Si has desarrollado hasta ahora todos los ejercicios de esta Guía, y en particular el anterior, estoy 100% convencido de que estarás sintiendo una extraña y especial mezcla de sensaciones de logro, entusiasmo, crecimiento, claridad de propósito y algunas más. Estas son sensaciones muy especiales, pero aún queda trabajo.

Continuamos...

Segmentando Tu Lista De Sueños

Pues bien, debo felicitarte por haber llegado hasta aquí. No todos tienen el valor de enfrentarse a estos ejercicios.

A esta altura de la Guía, es importante que hagamos un repaso del trabajo que has desarrollado. Deberás tener los siguientes puntos:

1- Debes tener identificados, tanto en lo personal como en lo profesional, los tres puntos débiles; tres aspectos que consideras deberías fortalecer en cada una de estas áreas. Estos son los "porqués", las razones por las que HOY sientes que deberías haberte dado una mejor puntuación. ¿Cierto?

2- Tienes una descripción de aquellas cosas que al menos hasta ahora, tienen verdadero valor para ti, además de los detalles y reflexiones que han emanado de estos ejercicios.

3- Tienes definida una meta inicial en cuanto al dinero y el tiempo libre del que te gustaría disfrutar a tres años. Dos indicadores que te servirán como marco de referencia para las demás metas. Por otra parte, te debes haber asegurado de que estas dos metas son medibles y están por escrito, y además alcanzables y motivantes. ¿Correcto?

4- Por último, tienes una amplio listado de las cosas que te gustaría ser, hacer, tener, experimentar y compartir en lo próximos años. Una lista con tus sueños.

¿Tienes todo este resumen? Excelente. Ahora, antes de continuar, quiero preguntarte. ¿Qué ves o que has descubierto hasta el momento? ¿Has llegado a algún tipo de conclusión o algo por el estilo?

¿Podrías percatarte si existe coherencia entre los tres primeros puntos? ¿Crees que algunos de los aspectos que definiste en el primer ejercicio, las cosas por las que evaluaste que tu vida merecía un cambio, son las fundamentales, o bien te has percatado que hay otras cosas más importantes que cambiar hoy, y a las que dar prioridad?

Estas son sólo algunas preguntas que me apetecía hacerte, porque muchas veces a esta altura del proceso, las personas tienen revelaciones muy importantes y no quiero que pases por alto la posibilidad de reflexionar sobre los inicios de tu Proceso de Cambio.

Pero continuemos…

Ahora tienes una interesante lista de todas las cosas que, al menos por el momento te gustarían ser, hacer, tener, compartir y experimentar.

Lo que quiero es que dentro de esa lista de sueños y deseos, elijas aquellas cosas a las que le darías prioridad, teniendo en cuenta los puntos anteriores. Te propongo lo siguiente:

Comenzamos un nuevo ejercicio.

Lee nuevamente los resúmenes y conclusiones a los que has llegado hasta ahora, y dale una puntuación del 1 al 10, donde el 1 es baja prioridad y el 10 alta prioridad, a cada uno de los sueños y deseos de tu lista.

Para realizar esta evaluación, **SÓLO** debes tener en cuenta los primeros dos puntos que vimos anteriormente, es decir, las cosas que realmente valoras y las razones por las definiste que tu vida (profesional y/o personal) HOY tiene la puntuación que hayas dado. Es decir, tu "Punto A".

Por ejemplo, si uno de los sueños de tu lista es cambiar tu auto por uno deportivo con más potencia y glamour, entonces deberías preguntarte. ¿El que me compre ese coche que quiero, en que medida me ayudará a fortalecer los puntos débiles que determiné en un inicio? Es decir, ¿me ayudará a experimentar alguna mejora en aquellas cosas por las que determiné que HOY mi vida personal y/o profesional tiene la puntuación que le asigné?

¿Hasta qué punto un coche como el de mi lista de sueños, me ayudará a experimentar aquellas sensaciones y emociones que más valoro y que han estado presentes en los momentos más importantes de mi vida?

Aquí puedes y debes hacerte tantas preguntas como se te ocurran. Y nuevamente te animo a que no temas por nada, sólo estás aprendiendo a conocerte un poco mejor, y dando prioridad a tus metas, según este nuevo conocimiento de ti mismo.

Este ejercicio te recomiendo que lo hagas varias veces, hasta terminar con un resultado con el que te sientas cómodo. A medida que lo vayas leyendo y realizando, irás teniendo cada vez las cosas más claras, en lo referente a las prioridades que deberías dar a cada uno de esos sueños.

Una vez clasificados tus sueños y deseos por orden de prioridad, deberías determinar cuáles son los primeros que perseguirás y conquistarás.

¿Quieres una EXCELENTE recomendación?

Intenta quedarte sólo con los 5 deseos a los que más valor e importancia les has asignado, entre todos los de tu lista. Esto no significa que no puedas alcanzar o aspirar a conquistar los demás sueños y deseos, pero si te ayudará a INCREMENTAR DECISIVAMENTE las posibilidades de alcanzar las 4 o 5 cosas que has determinado perseguir.

Y del mismo modo, el hecho de que vayas conquistando estos objetivos primarios, además de ser un indicador para reafirmarte que te mantienes en el camino que has decidido seguir, también te ayudará a ir fortaleciendo y ensanchando tu mente y la confianza en ti mismo, lo que se traducirá en mayores probabilidades para alcanzar todo lo demás… Es como marcar una "Evolución Natural hacia tus Metas". ¿Lo ves?

Relájate y Céntrate: no te preocupes ahora por esa lista de sueños que has elaborado. DECIDE cuáles son las **4 o 5 cosas** (sueños y deseos) que VAS A CONQUISTAR en los próximos tres años.

Ahora bien, aunque no podrás determinarlo de manera precisa, **SI** deberías tener la sensación de que estas 4 o 5 metas que te propondrás conquistar a 3 años, mantienen una coherencia lógica con las metas de tiempo y dinero que hayas establecido.

Si una de las 5 metas que te has propuesto alcanzar a tres años, es la de crear una fundación para rescatar animales del amazonas en peligro de extinción, o comprarte un velero y darle la vuelta al mundo, o algo así, deberás tener en cuenta el hecho de que tus negocios, tus activos, tus trabajos, o canales (medios) por los que se generan tus ingresos, te "FINANCIARÁN" esa meta, tanto en tiempo libre, como en dinero… ¿Me explico?

Si no es así, deberás cambiar las metas que te has propuesto a 3 años, o las metas en cuanto a ingresos netos personales y tiempo libre que has determinado en ejercicios anteriores. No es más que sentido común.

También te pido que atemperes tu impaciencia y entusiasmo. Es probable que a estas alturas del trabajo, una voz interior te haya comenzado a susurrar cosas como: *"pero si lo que yo quiero es tener unas metas para el próximo año, o para dentro de tres meses… Tres años es demasiado tiempo para mi"*.

No te preocupes ahora por esto, ya que lo veremos en el próximo ejercicio. Por el momento te pido que confíes en mi y en el método, y sigas los pasos y ejercicios tal y como te los explico. ¿De acuerdo?

Pues bien, ahora ya tienes definida una parte sumamente importante de este Proceso para definir metas.

Ya tienes establecidas tus metas económicas y de tiempo a tres años, es decir, los "Ingresos Netos Personales" y el "Tiempo Libre" del que disfrutarás a tres años, y además, tienes una definición inicial del "Estilo de Vida" que te gustaría experimentar cuando disfrutes de esos ingresos y ese tiempo libre, es decir, de aquellas cosas que quieres ser, hacer, tener, compartir y experimentar a tres años... y además, te has asegurado de que estas últimas metas, mantienen armonía y coherencia con aquello que valoras y que consideras importante cambiar en tu vida, para experimentar mayor satisfacción personal.

Si en verdad has seguido todos los pasos y desarrollado todos los ejercicios que hemos compartido hasta el momento, sólo con esto habrás entrado en el selecto grupo de personas que forman el 5% de los que actúan, cuando invierten en un material como este. O como diría **Anthony Robbins**, has pasado del grupo de los muchos que hablan, al de los pocos que hacen :)

Mis más sinceras ¡FELICITACIONES! Sin embargo, aún queda lo más importante del trabajo. Es lo que permitirá hacer más operativo y práctico el PROCESO que has desarrollado hasta el momento.

Pero antes de pasar a la siguiente sesión de este material, quiero que vuelvas a pasar por el filtro de 5 pasos, las metas que has determinado hasta el momento. Es decir, quiero que evalúes si las metas que has evaluado hasta el momento, cumplen con los parámetros que ya vimos.

Es decir... Asegúrate de que estén por escrito y puedan medirse de algún modo. Que sean alcanzables y coherentes entre ellas. Que te motiven e ilusionen, y sobre todo, que armonicen con aquello que valoras.

Esto ya lo hemos visto, así que sabrás que hacer...¿Continuamos? Pues adelante...

Capítulo V
Es hora de hacer una regresión de tus Metas…

Comienza la cuenta atrás.

Ahora quiero guiarte para que DESGLOSES las metas que te has propuesto a tres años, en sub-metas y objetivos en períodos de tiempo MÁS OPERATIVOS Y DIGERIBLES para ti y tu mente. En períodos que te faciliten implementar acciones más concretas para llegar al objetivo final.

Es decir, quiero que despieces tus metas a tres años, en metas anuales (1 y 2 años) y éstas, a su vez, en objetivos semestrales, trimestrales y mensuales.

Pero esto no es todo, quiero que traduzcas esos objetivos mensuales, en **acciones semanales y diarias…** incluso, te pediré que descubras los nuevos HÁBITOS DE EXCELENCIA que deberías desarrollar, para consolidar el camino que deberás recorrer, antes de materializar tu Visión Personal a 3 años.

Este capítulo es la COLUMNA VERTEBRAL de todo este proceso. Es aquí, y no en otro lugar, donde radica TODO EL PODER del trabajo que has desarrollado. Es en la definición y ejecución de las acciones que determines en los siguientes ejercicios, donde se juegan prácticamente todas las cartas y las posibilidades reales de que conquistes tus metas y sueños.

Así que reclamo toda tu atención, y sobre todo, una especial disciplinada en la ejecución de los ejercicios de este apartado de la Guía.

En un final, lo que espero de ti, no es tanto el que hayas desarrollado los ejercicios que hemos compartido hasta ahora, sino los que están por venir.

No me malinterpretes, el trabajo que has desarrollado hasta ahora es INDISPENSABLE para garantizarte el éxito y la satisfacción personal, pero si no haces parte de tu vida y de tu rutina diaria, el hecho de ejecutar las acciones que emanarán de este capítulo, las posibilidades de que NUNCA llegues a donde te has propuesto llegar, aumentan en un 95%.

Espero que haya sabido transmitirte la importancia de este capítulo, pero si no es así, lo intentaré a lo largo del mismo.

Nuevamente, abre una página en blanco en tu libreta de trabajo y presta especial atención a estos ejercicios. Comenzamos…

Lo primero que debes hacer, es una planificación descendente de tus metas, tanto económicas como de tiempo libre. Deja que te explique con los mismos ejemplos hipotéticos que hemos trabajado hasta ahora. Volvamos a imaginar que éste es tu caso.

Imagina que estas a punto de iniciar el AÑO UNO y que en el AÑO CERO (el año que termina y que tomaremos como referencia) tus ingresos netos fueron de 24.000 Dólares, lo cual quiere decir que HOY, tus "Ingresos Netos Personales" son de 2.000 Dólares mensuales, ¿de acuerdo?... Y además, trabajas una media de 50 horas semanales.

Imaginemos también que en esta línea, la meta que te has propuesto alcanzar a tres años, es la de duplicar esta cifra.

Es decir, que al finalizar el AÑO TRES tus Ingresos Netos serán de 48.000 Dólares, lo que significa que tus ingresos medios mensuales serán de 4.000 Dólares, y además sólo trabajarás 30 horas semanales. ¿Me estás siguiendo? ¡Fantástico!

Pues si estas son las metas que te propondrás conquistar para finales del AÑO TRES, ¿cuáles deberían ser tus metas para el AÑO DOS? ¿Cuál sería una evolución satisfactoria y coherente que deberías conseguir en el AÑO UNO en cuanto a Tiempo libre y Dinero? ¿Qué metas te indicarían que vas avanzando de la manera correcta en el camino correcto?

Haz un ejercicio de "proyección coherente" y piensa qué es lo que debería pasar en cada uno de estos años, primero en el AÑO TRES, y luego en los años DOS y UNO. ¿Me vas siguiendo?

Por ejemplo, para "asegurarte" de que comienzas el AÑO TRES con buen pié, ¿cuáles deberían ser tus ingresos en el AÑO DOS? ¿40.000, 37.000, 33.000 Dólares? Y en el AÑO UNO, ¿cuáles deberían ser tus ingresos para mantener una evolución lógica? ¿28.000, 30.000 Dólares?

Y las horas de producción, de trabajo, que TÚ vas a dedicar a generar estos ingresos, ¿cómo crees deberían disminuir y/o distribuirse en el tiempo para llegar a la meta que te has propuesto en este sentido? Por ejemplo, ¿consideras que en el AÑO DOS podrías alcanzar unos ingresos de 34.800 Dólares, es decir, unos ingresos netos mensuales de 2.900 Dólares, trabajando unas 40 horas a la semana?

Por supuesto, estos ejemplos los debes adaptar a las metas que te has propuesto, y también es probable que no hayas definido una meta en cuanto a tiempo libre, ya que seguir dedicando las mismas horas que trabajas hoy, no es algo que tengas previsto cambiar, al menos a tres años vista.

O quizás **SI** hayas definido una meta en este sentido, pero en lugar de disminuir el tiempo de productividad, lo has incrementado, ya que es lo más coherente que consideras en tu caso particular, para alcanzar los ingresos que te has propuesto. Por ejemplo, podrías decidir duplicar el tiempo de trabajo en los dos primeros años, porque sabes que estarás creando los sistemas y procesos de un proyecto de negocio, que te dejará tiempo libre en el AÑO TRES.

Da igual. Si HOY dedicas 40 horas semanales a trabajar y tus ingresos son de 1.000 Dólares/mes, es probable y también coherente, que a tres años hayas establecido como meta unos ingresos de 2.500/mes, y que trabajarás las mismas 40 horas, o quizás 45 o 50…

No hay nada de malo en esto, siempre y cuando consideres que es una EVOLUCIÓN POSITIVA en tu vida y sepas qué es lo que quieres comprar con ese tiempo y dinero… ¿De acuerdo?

El problema no está en trabajar MENOS, sino en saber, exactamente, PARA QUÉ se está trabajando.

Por ejemplo, los grandes líderes de las redes de mercadeo, tienen claro que es sumamente importante trabajar los primeros tres primeros años de creación de sus redes, a un ritmo frenético entre 10 y 16 horas diarias, pero son conscientes de que la recompensa les vale la pena, y lo hacen con una altísima motivación, porque luego pueden vivir durante muchos años, o todo lo que les resta, un gran estilo de vida, gracias a los ingresos residuales.

Con esto quiero dejarte claro que puedes y debes aplicar, en cualquier caso, el ejercicio de planificación descendente a cualquier meta que te hayas propuesto en este sentido.

También podrías hacer este ejercicio de manera ascendente, en lugar de descendente, si te resulta más cómodo y operativo. Es decir, que en vez de desglosar tus metas partiendo de tu Visión a tres años, podrías partir de las metas que vas a perseguir en el AÑO UNO en cuanto a tiempo y dinero, y luego los años DOS y TRES. ¿Me explico?

En un final, ¿qué es lo que debes sacar de estos ejercicios? ¿Qué es lo que espero de ti?

Pues en primer lugar, quiero que definas (por escrito) en tu libreta de trabajo, una proyección de los tres años. Podría ser algo así:

Mis Metas Ingresos y Tiempo Libre	HOY	Año UNO	Año DOS	Año TRES
Ingresos Netos Año	24.000	31.000	39.000	48.000
Ingresos Netos Mes	2.000	2.583	3.250	4.000
Horas Semanales	50	50	40	30

AVISO IMPORTANTE:
Antes que continúes con el trabajo, quiero alertarte para que NO MINES tu crecimiento, ya que este es otro de esos ejercicios IMPORTANTES, que te ayudarán a poner "los pies en la tierra".

Sin embargo, hay personas que cuando sueñan y establecen sus metas en una buena racha de optimismo, con el método que tu has definido las tuyas, se les caen las alas del cuerpo cuando se enfrentan a esta parte del trabajo.

Incluso, algunos no se limitan a poner sólo "los pies en la tierra", también ponen la cabeza, la mirada y el espíritu, y echan por la borda todo el trabajo de metas que han realizado... Espero que este no sea tu caso, así que continúa y NO TE DETENGAS.

... Y es que el problema radica en lo siguiente: cuando vemos unas metas ambiciosas y estimulantes a tres años (o más), todo parece posible, porque percibimos que "tenemos tiempo suficiente" para actuar...

Sin embargo, cuando estas mismas metas se desglosan de una manera coherente, y tenemos frente a nosotros los objetivos que necesitaremos alcanzar el **próximo mes**, el espíritu optimista sale corriendo desbocado y nos abandona; nos deja solos frente a lo que antes parecía posible.

Pero, ¿por qué te digo esto? Porque ahora que ya tienes esa proyección a tres años, quiero que nos centremos en tus metas a un año.

Pero por favor, nuevamente te pido que no te alarmes por la nueva percepción que probablemente adquieras de tus metas, gracias a este ejercicio.

Recuerda que no hay nada de malo en establecer metas y salir cada día dispuesto a conquistarlas y que al final no lleguemos a materializarlas.

> *Lo que en verdad "desgarra la ilusión a los hombres", es no tener esas metas y sueños por cumplir. Es no tener un objetivo bien definido por el que levantarse cada día.*

Y bien, aclarado esto, sigamos con el mismo ejemplo, pero ahora olvidándote de tus metas a dos y tres años. No pienses en el 2008 y 2009...

Centrémonos en el AÑO UNO. Tus Metas a 1 Año

¿Preparado? Así me gusta... Entonces, ¿cuáles son tus metas para el próximo año, según el desglose realizado en el ejercicio anterior?

Vamos a seguir suponiendo que tus metas para el AÑO UNO (metas a un año) son las mismas del ejemplo anterior. En decir, que continuarás dedicando las mismas 50 horas semanales, pero tus ingresos serán de 31.000 Dólares, lo cual significa que tus ingresos medios mensuales deberían pasar de 2.000 a 2.583 Dólares... 583 Dólares más cada mes... ¿Cómo lo ves?

Es importante que seas flexible en esta definición, según tu experiencia y conocimiento. Podrías dividir el año en semestres, cuatrimestres o trimestres, y asignar un mayor porcentaje de estos ingresos anuales a determinados períodos de tiempo, y una menor parte a otros.

Por ejemplo, podrías determinar que de los 31.000 Dólares de ingresos anuales, que 13.000 Dólares los generarás en el primer semestre, y los 18.000 restantes en el último semestre... Y así segmentar estos ingresos de la manera que más objetivamente se adapte a tu situación y previsión.

Pero para continuar explicándote el método de un modo más simple, asumamos que generarás esos 31.000 dólares de ingresos del primer año, de una manera equilibrada entre los 12 meses. Es decir, te propondrás alcanzar ingresos de 2.583 dólares cada mes. ¿Cierto?

Esto significa que semanalmente, debes alcanzar unos ingresos medios de 646 Dólares, por lo que si trabajas 6 días a la semana, cada día debes tener ingresos personales de 108 Dólares. Y si trabajas 5 días a la semana, a razón de 10 horas al día, tus ingresos diarios deberían ser de 129 Dólares.

Es en este punto, con este nivel de detalles, donde deberás ir enfocándote, si es que en realidad quieres conquistar tus metas, de una manera progresiva y efectiva.

Entonces, según las metas que te has propuesto, ¿cuáles deberían ser tus **ingresos medios diarios** para el próximo año? ¿Ya los tienes definidos? Pues bien, continuemos con el mismo ejemplo para explicarte mejor a donde deberías llegar.

Imaginemos que quieres trabajar 5 días a la semana, de lunes a viernes, a razón de 10 horas diarias (50 horas semanales), y que tus ingresos diarios deberán ser de 129 Dólares, ¿de acuerdo? Pues ahora puedes determinar cuál es el valor de tu hora. Ahora ya sabes que tu hora hombre (o mujer), para alcanzar unos ingresos netos mensuales de 2.583 Dólares, es de 12.90.

Sin embargo, para ser más prácticos y efectivos en este sentido, te propongo que aumentes un poco el valor de tu hora, por ejemplo a 15 Dólares... Esto es sólo para que mentalmente comiences a familiarizarte con este concepto del valor de tu tiempo; de tu hora.

Mira a donde has llegado con este ejercicio. Ahora ya tienes **DOS o TRES INDICADORES BÁSICOS** sobre los que edificar TU PLAN DE ACCIÓN PERSONAL, para conquistar las metas que te has propuesto para el próximo año.

Ahora tienes una idea CONCRETA Y OBJETIVA del valor de tu hora; 15 Dólares, y también sabes que tus ingresos diarios deberían ser de 129 Dólares... O lo que es igual, que cada semana debes PRODUCIR y GENERAR unos ingresos de 646 Dólares.

¿Cómo te sientes habiendo llegado hasta aquí? ¿Qué sensaciones estás experimentando? ¿Ves a donde debes llegar?

Por favor, no dejes de realizar estos ejercicios. Lo mismo deberás hacer para los próximos años (DOS y TRES), pero por el momento continúa conmigo en el AÑO UNO, ya que lo importante ahora es que captes el método y aprendas a aplicarlo a tu situación personal. Ya lo aplicarás a otros años y/o otras metas. Pero ahora, abre tu mente y absorbe la esencia del Proceso.

Ahora deberías tener bien definido, y por escrito, un breve resumen de los ejercicios que has realizado. Por ejemplo, podrías tener algo así en tu libreta de trabajo:

Para el próximo año (AÑO UNO), mis ingresos netos mensuales **SON** de 2.600 Dólares. Cada semana **TENGO** ingresos **SUPERIORES** a 650 Dólares. El valor de mi hora **ES DE** 15 Dólares.

Quizás te preguntes por qué he destacado algunas palabras en este ejemplo, y por qué he redondeado los indicadores con los que hemos estado trabajando… Me explico:

Algo importante que deberás saber, y esto lo aplicarás más detalladamente al final de esta Guía, es que siempre deber poner tus metas en **positivo** y en **presente**, tal y como si YA fueran una realidad.

La razón de hacerlo así, responde a la manera en como funciona nuestra mente y nuestro inconsciente, y podrás verlo más detallado en cientos de libros que hablan sobre el tema.

Pero explicado de manera simple, podríamos decir que cuando tu mente, tanto la consciente como la inconsciente, se familiariza con la idea de que TU YA ESTÁS EN POSICIÓN DE ESO QUE QUIERES (cuando la autosugestionas de este modo) ésta actúa a tu favor y comienza a mostrarte nuevos canales que antes eran inexistentes para ti.

Además, cuando piensas en tus metas como algo que ya has conquistado (están en presente y en positivo), poco a poco tu mismo comenzarás a ACTUAR y a fluir de un modo más natural, en ARMONÍA con lo que **sientes que mereces,** porque YA ES TUYO.

... Y cuando te encuentres en este ESTADO, comenzarás a encontrar los mejores caminos, a generar las mejores ideas, a sacar el mejor partido de tus recursos, y sobre todo, pondrás toda la carne en el asador, es decir, que movilizarás un elevado porcentaje de tu potencial para ACTUAR en coherencia con aquello que quieres.

Por otra parte, y esto también se explica casi científicamente en decenas de excelentes libros, si queremos analizar el poder de la mente y de este enfoque desde un punto de vista más místico, podríamos decir que una mente en este ESTADO DE GRACIA, de enfoque y coherencia, atrae energía de la misma calidad; del mismo estado...

¿Has oído la máxima de que el dinero atrae al dinero? Lo mismo ocurre con la miseria, que hace miserable al hombre. Es todo una cuestión de "Estado Mental".

> *TÚ puedes convertir a tu mente en tu mejor aliado hacia la conquista de tus metas y sueños, o bien, ésta puede bautizarse como el peor de tus saboteadores...*

Tu tienes el PODER DE ELEGIR Y DECIDIR el papel que quieres que tu mente juegue en tu vida, y en la conquista de tus metas. Y es aquí donde radica el verdadero poder de todo el ejercicio, y lo veremos más detalladamente al final.

Lo mismo ocurre con el redondeo de las metas. Particularmente te recomiendo que SIEMPRE utilices cifras redondas, ya que es más fácil y operativo para que tu mente lo entienda... y si ya vamos a redondear, ¿por qué no hacerlo a nuestro favor?

Pero más adelante te hablaré nuevamente de este tema, porque será una de las sugerencias que te recomendaré para tu Pan de Acciones Personales.

Pues bien, me gustaría que hagamos un resumen breve del trabajo que has desarrollado en este capítulo.

➚Debes tener desglosadas tus metas a tres años, en cuanto a Ingresos Netos Personales y Tiempo Libre (o tiempo de producción), en metas a 3, 2 y 1 años. Además, esta proyección escalonada de tus metas, deberá mantener cierta coherencia y lógica.

➚Partiendo del punto anterior, debes tener fraccionadas las metas que vas a conquistar el **próximo año**, en metas mensuales.

➚Por último, deberás tener definido y por escrito, cuales deberán ser tus **ingresos medios semanales o diarios**, como más cómodo y operativo te resulte, para avanzar de manera coherente hacia la materialización de tus objetivos mensuales, trimestrales, semestrales y finalmente, anuales.

Lo que quiero, es que intentes ser lo más práctico posible, y que logres simplificar al máximo el camino que deberás recorrer.

Quiero que termines por decirte a ti mismo algo como esto: si cada día yo me centrase en alcanzar unos ingresos de 100 USD, o me planifico para lograr unos objetivos semanales de 500 USD (la cantidad que determines), sé que voy en camino a lograr mis metas anuales.

Si logras enfocarte cada nuevo día en alcanzar los objetivos de ese día o de esa semana, todo el proceso se facilita de manera mágica. Estas son las metas intermedias, los objetivos en los que te deberás enfocar, y no en las grandes cifras y la expectativas a tres o cinco años.

El trabajo que hasta ahora has desarrollado es elemental, pero cada vez que vamos avanzando en el ejercicio, te irás dando cuenta que lo más importante, es lo más sencillo, lo más digerible y lo más eminente.

Estos OBJETIVOS DIARIOS Y SEMANALES serán tus OTRAS METAS, las demás metas a medio y largo plazo, simplemente SERÁN UNA CONSECUENCIA del logro de estas metas diarias y semanales... ¿No crees que tiene sentido?

Ahora bien, antes de continuar con el próximo capítulo de esta Guía, quiero que hagas algo que aún queda pendiente.

Quiero que definas, teniendo en cuenta los Ingresos Netos Personales que te has propuesto alcanzar **como metas a un año**, cuáles de las 4 o 5 metas (cosas) que te propusiste conquistar a tres años, vas a materializar en el próximo año.

Es decir, de la lista de sueños y deseos que desarrollaste, decidiste quedarte con los 4 o 5 que más valor e importancia tienen para ti, y que se encontraban entre las cosas que querías ser, hacer, tener, compartir y experimentar en los próximos tres años, ¿cierto?

Ahora bien, ¿a cuáles de esas otras metas te gustaría dar prioridad para el próximo año, y que puedas financiar con los ingresos personales que te has propuesto y el tiempo libre que tendrás?

Finalmente, para acabar con este capítulo de la Guía, te propongo que verifiques el resumen del trabajo que has desarrollado en estos ejercicios.

Ahora YA DEBES TENER definidas todas tus metas a un año, y por supuesto, estas metas deben mantener lógica y coherencia con tus metas a tres años; con la **Visión Personal** que quieres materializar a tres años. Sólo a modo de ejemplo, podrías tener algo así:

Mis Metas Para El 200X (Próximo Año)

En el 200X (el año que sea) Yo, José Gómez (tu nombre) **TENGO** unos Ingresos Netos **SUPERIORES** a 31.000 Dólares. Mis Ingresos mensuales **SUPERAN** los 2.600 Dólares y **ANTES** del 15 de marzo (definir fecha, que sea medible), **CAMBIO** mi coche (carro) por el modelo (con los detalles). Además, el 20 de agosto, **VOY** 10 días de vacaciones con mi familia a (definir lugar).

Por favor, esto es sólo un ejemplo para que te sirva como marco de referencia y evalúes lo que deberías tener como resumen de estos ejercicios. Las metas podrían ser tan variadas, como cantidades de personas pueblan este planeta.

Si eres un empresario exitoso, quizás tu resumen de este ejercicio podría hacer más énfasis en el tema de los negocios, por ejemplo, que para x fecha, tendrás implementados los sistemas de gestión, o comprarás 100 acciones de otra empresa, o abrirás un nuevo negocio, o venderás tu empresa, o lo que sea.

Recuerda que esta Guía no es más que un método, un modelo eficaz que PUEDES Y DEBES ADAPTAR a cualquier situación, ya sea personal, profesional, espiritual, etc…

Lo único que cambia en este modelo, son los ingredientes que se le añadan, es decir, las expectativas que cada persona alberga en cuanto a los ingresos netos y tiempo libre que ambiciona disfrutar, y su percepción de aquellas cosas en las que le gustaría INVERTIR su tiempo, dinero, esfuerzos y emociones.

Lamentablemente, no puedo hablar contigo en este momento y conocer tus impresiones sobre el trabajo que has realizado hasta ahora, pero al menos por mi modesta experiencia, si es que has realizado correctamente y a conciencia todos los ejercicios que hemos compartido desde el inicio, me atrevería a afirmar que nunca, o muy pocas veces, has realizado una definición de tus metas con tanta profundidad y detalle. ¿Me equivoco?

Ahora bien, esta es la buena noticia, la no tan buena, es que aún no hemos terminado con el trabajo. Todavía quedan los TEMAS Y EJERCICIOS MÁS IMPORTANTES.

Espero no te molestes conmigo cuando te diga que las metas diarias y semanales que has determinado tras los ejercicios de desglose de este capitulo, no son más que INDICADORES DIARIOS Y SEMANALES.

Ahora quiero ayudarte a que descubras….

Capítulo VI
¿Cuáles son tus Verdaderas Metas?

¿Y tú has llegado hasta aquí?

De verdad, me sorprendes más a medida que llegamos a cada nuevo capítulo y todavía sigues conmigo. Sinceramente, MERECES TRIUNFAR Y EN GRANDE.

Esta Guía Práctica es como una maratón, donde va quedando gente tirada en el suelo a cada kilómetro. Aquí, en cada nuevo ejercicio, se van colgando nuevos guantes; se van tirando nuevas toallas.

Y la verdad que es una pena, porque estoy convencido que la gran mayoría de los que abandonan esta Guía, lo hacen porque les apremia dedicar tiempo a apagar los fuegos que generan las "urgencias sin importancia" de su día a día.

Pero buen, continuemos con lo que nos corresponde.

En este capítulo quiero guiarte para que descubras cuáles deberán ser tus verdaderas metas. Y para ello, te pediré que te apoyes en los resultados que obtuviste del ejercicio anterior... yo por mi parte, te seguiré explicando con los mismos ejemplos que hemos estado trabajando... ¿De acuerdo?

Ya conoces esta señal ☺ Prepárate que comenzamos un nuevo y enriquecedor ejercicio. Listo...

Pues bien, quedamos que para alcanzar las metas que te has propuesto para el **próximo año** (31.000 USD), deberías generar unos ingresos netos semanales superiores a 650 Dólares.

Si cada nueva semana, como media, tu alcanzas esta meta, es evidente que superarás tus propias expectativas al final del año, y por ende, podrás disfrutar de esas otras cosas que has definido "comprar" para el próximo año, y además, significa que vas en camino de alcanzar tus metas a 2 y 3 años. Vas en camino de Materializar Tu Visión Personal a 3 años.

Hasta aquí todo está claro, por lo tanto, ahora te propongo que comiences a descubrir CÓMO alcanzar estos ingresos semanales. Lo primero que quiero que hagas, es un análisis de tus actuales fuentes de ingreso. ¿Cuáles son los canales por los que estás generando tus actuales ingresos?

Imaginemos nuevamente que HOY, tus ingresos mensuales son de 2.000 Dólares. ¿Qué es lo que haces HOY para obtener estos ingresos? ¿Por qué medios se están generando estos 2.000 cada mes? ¿Podrías describir todas aquellas cosas a las que hoy estás dedicando 50 hora semanales y que te dejan estos ingresos?

Esta parece una pregunta sin mucho sentido, pero no te dejes engañar. Quiero que te exprimas el cerebro y pienses con mayor profundidad.

Por ejemplo, si estos 2.000 son gracias a un salario que te pagan en una empresa para la cual trabajas, no te quedes ahí. Piensa lo siguiente: si HOY alguien (una empresa o persona) te está pagando cada mes 2.000 Dólares, es porque tú les estás vendiendo tus servicios personales.

TÚ siempre estás vendiendo

Aún así trabajes encerrado en una oficina, donde NUNCA tengas contacto con otras personas, si recibes todos los meses un cheque por 2.000, es porque alguien está contratando los servicios que tú les estás vendiendo, y si tú estás vendiendo estos servicios, es porque TÚ ESTÁS RESOLVIENDO UN PROBLEMA a esa persona o esa empresa.

Entonces, con este enfoque en mente, quiero que reflexiones y descubras cuáles son esos problemas que estás resolviendo cada semana, y por los que estás cobrando. ¿Es un servicio que ofreces, o son varios? ¿Son productos que vendes? ¿Podrías listar los problemas que resuelves a esa empresa o persona?

O quizás seas un emprendedor independiente, y prestas servicios de electricidad, o fontanería, o diseño gráfico, o vendes seguros de vida, o eres vendedor a comisiones para una marca o empresa, etc...

No conozco tu particular caso, pero puedes contestar a la pregunta anterior sin ningún tipo de problemas, independientemente de la actividad a la que te dediques. Además, mientras más alto sea el nivel de detalles con que contestes a esta pregunta, mejor. Piensa y escribe.

Por otra parte, si eres empresario y tienes un negocio, o varios, no quiero que te conformes con decir que estos 2.000 Dólares (siguiendo con el ejemplo) son los beneficios que te deja el negocio cada mes, o el salario que te has asignado como director de la empresa.

Quiero que al igual que en el caso anterior, vayas más allá. Descubre cuáles son las funciones que tú desempeñas HOY en tu empresa. Describe cuáles son las actividades a las que semanalmente estás dedicando 50 horas. ¿Qué roles, qué papeles estás jugando dentro de tu empresa?

Te propongo que realices, a rajatabla, el siguiente ejercicio: durante 15 días hábiles (si puedes más mejor), intenta anotar **cada una o dos horas**, TODAS las cosas que haces en tu empresa, desde que llegas, hasta que terminas; desde el café que sales a tomar, hasta la reunión más importante.

Si haces este enriquecedor ejercicio a consciencia, al final de los 10 días tendrás una visión práctica de DÓNDE Y CÓMO estás invirtiendo tú tiempo, dentro de la empresa. Descubrirás, *haciendo qué*, tienes los ingresos que tienes.

Quizás así, logres percatarte de que si dedicas más tiempo a otro tipo de actividades, tus ingresos podrían dispararse. Es esto lo que quiero que logres ver en cada uno de los casos, seas o no empresario.

También podrías determinar algo así: los ingresos personales que cada mes me deja el negocio, se derivan de los servicios y/o productos que comercializamos. ¿Podrías listar, uno a uno, estos productos y/o servicios?

Esto es lo que llamo la **Definición de las Áreas de Negocio**, en mi Reporte Especial: *"Cómo Incrementar La Efectividad Del Marketing,* **Descuartizando** *Procesos Comerciales"*.

Por cierto, si tienes una empresa, te recomiendo que consultes este material, ya que no sólo te servirá para tu Marketing, sino para complementar tus Metas. Puedes ver más detalles en el siguiente enlace: **http://www.sistema-comercial.com**

Debes desenterrar todo aquello que, de una manera más o menos evidente, está influyendo HOY en los Ingresos Personales que estás percibiendo, por ejemplo, los 2.000 Dólares mensuales.

La razón de este ejercicio es muy simple, y quizás a primera vista no le veas un beneficio concreto, pero la realidad es que si quieres potenciar TUS INGRESOS ACTUALES, lo más inteligente es comenzar por descubrir, CÓMO POTENCIAR LOS CANALES por los que estos ingresos se están generando HOY. ¿No te parece que sería un buen comienzo?

Pues bien, ahora que ya has detallado todas aquellas cosas que hoy por hoy justifican los ingresos personales que estás percibiendo, te pregunto lo siguiente:

Teniendo en cuenta este listado que has generado, ¿qué crees que podrías hacer para incrementar tus ingresos en este sentido? ¿Crees que podrías o deberías cambiar alguna de las cosas que estás haciendo HOY, y sobre todo, la manera en que las estás desempeñando?

¿De verdad confías en que seguir haciendo lo mismo, el mismo trabajo, las mismas funciones y acciones, vendiendo los mismos productos y servicios, y todo de la misma manera que lo estás haciendo HOY, te ayudará a incrementar tus ingresos netos semanales?

Revisa nuevamente todas y cada una de las cosas que has anotado e intenta responder: ¿cuáles de las actividades que hago HOY y por las que estoy percibiendo mis ingresos mensuales, son las que más valor aportan?

- ¿Cuáles son o podrían ser las más rentables?
- ¿Cuáles son las que más disfruto hacer y las que mejor se me dan?
- ¿Qué pasaría si a partir de ahora, intento dedicar un poco más de mi tiempo en especializarme y hacer mejor esta(s) actividad(es)?
- ¿Hay alguna otra manera en que yo pueda generar más ingresos por esta misma actividad?
- ¿Necesitaría formarme y adquirir nuevos conocimientos sobre estas actividades a las que HOY me dedico?
- ¿Existe alguna otra cosa que yo sepa hacer mejor que lo que hago hoy, y que pueda convertir en una *nueva fuente de ingresos*, o que simplemente me ayude a fortalecer e incrementar mis actuales canales de ingresos?

Voy a preguntarte algo muy importante, pero por favor, está totalmente prohibido contestar "no lo sé".

Si no tienes una respuesta operativa a la pregunta que voy a hacerte ahora, cierra esta Guía por hoy, quédate con esta pregunta en mente y reflexiona sobre ella durante todo un día, porque TU TIENES LA RESPUESTA, y me atrevería a poner las manos en el fuego para demostrarlo.

¿Cuáles son las TRES COSAS (responsabilidades, funciones, hábitos, actividades, etc…) que TU SABES que si ejecutas de manera consistente y coherente en tu día a día, semana tras semana, te proporcionarían resultados económicos superiores a los que estás obteniendo hoy?

Verás, estoy plenamente convencido de que tú, justo en este momento, mientras lees este párrafo, sabes que existen ciertas cosas a las que si dedicases más tiempo, esfuerzo, voluntad y disciplina en su ejecución, te ayudarían a generar resultados económicos, y no económicos, muy superiores a los que hoy estás cosechando, tanto en calidad como en cantidad, ¿no es cierto?...

¿Cuáles son?... Voy a ser aún más específico, si es que cabe.

Independientemente de que tengas más o menos voluntad y disciplina, más o menos tiempo, más o menos coraje, más o menos constancia para llevarlas a cabo, ¿podrías definir TRES actividades que si PUDIESES HACER Y LLEVAR A CABO, te ayudarían a potenciar tus ingresos semanales, al nivel que te has propuesto en tus metas?

Aquí no hay límites ni restricciones de ningún tipo. Cada persona, conociendo mejor su potencial, sus capacidades, sus fuentes de ingreso, sus limitaciones, sus cualidades personales, sus fortalezas, etc, sabrá cuáles son aquellas cosas que le ayudarían específicamente a ÉL, a alcanzar resultados superiores, si las pone en práctica de manera consistente y perseverante...

Generalmente estas actividades y/o hábitos, son cosas que reconocemos como puntos débiles, cosas que sabemos nos convendría mejorar.

Quizás consideres que lo que más te ayudaría, es aprender a gestionar mejor tus finanzas, o delegar algunas funciones técnicas en tu empresa, o vender mejor, o contratar personal más cualificado, o aprender a motivar e influir sobre otras personas.

Quizás te ayude el hecho de ser más perseverante, o aprender a manejar las objeciones de clientes, o centrarte más en relaciones directas con clientes y en relaciones públicas, o saber venderte mejor como profesional, o tener menos miedo al rechazo, o aprender a integrarte mejor en el equipo, o hacer más ejercicios físicos para estar más en forma, o tener una mejor alimentación... Si, si, todo puede servir. Tú sabrás.

Quizás una de las actividades que sabes debes potenciar, es leer y estudiar más sobre tu especialidad, o mejorar tu marketing, o aprender a meditar, o mantener una relación más armoniosa con tu familia, o ver menos televisión y leer más sobre desarrollo personal, o levantarte más temprano, etc...

> *Por favor, sólo te pido que NO EVADAS esta pregunta e intentes responderla de manera práctica. Recuerda que es TU VIDA Y TU FUTURO, lo que está en juego.*

Y bien, ¿cuál es tu respuesta a esta pregunta?

¿Ya has definido cuáles son esas actividades? Intenta identificar al menos tres; las tres más importantes. Después que te quedes con la esencia del método, podrás agregar las que consideres conveniente.

Escríbelas en tu libreta de trabajo... ¿Ya lo has hecho? Pues bien, ahora te pregunto...

Si sabes que para lograr tus metas, es importante potenciar este tipo de hábitos; si eres consciente de que emprender este tipo de acciones, actividades y/o funciones, de una manera perseverante y enfocada, te facilitará llegar a donde quieres llegar y convertirte en la persona que desearías convertirte, ¿por qué no lo estás haciendo hoy? ¿Qué es lo que te lo está impidiendo?

 Atención. Acabas de llegar a un PUNTO CRÍTICO. Es aquí donde está el meollo del asunto.

Si HOY existe "ALGO" que te **está limitando y obstaculizando** el hecho de emprender unas determinadas acciones, acciones éstas que sabes que si EJECUTAS de modo consistente, coherente y perseverante, cosecharías el tipo de resultados que te "acercarían" a las metas que te has propuesto..., ese ALGO es un problema que debes resolver **YA**, y ese problema, en la inmensa mayoría de los casos, se llama CREENCIAS.

Quiero ser lo más claro posible en este punto, porque es el OBJETIVO CENTRAL de esta Guía.

Si has desarrollado todo el trabajo y todos los ejercicios de esta Guía de manera disciplinada y perseverante. Si te has entusiasmado con las definiciones que han emanado de cada ejercicio. Si las conclusiones y resultados de todo el trabajo que has realizado te han ayudado a conocerte mejor y a sentirte más seguro de ti mism@.

Si ahora ves las cosas más claras que antes y puedes visualizar un camino para recorrer, etc. etc..., pero NO TOMAS CONSCIENCIA Y ACCIÓN sobre lo que te explicaré de ahora en adelante, NO LOGRARÁS MUHAS COSAS... A duras penas pasarás de la teoría.

Seamos Sinceros y Prácticos...

Difícilmente YO, sin conocerte personalmente, sin conocer tu entorno, tu negocio, tu trabajo, tus cualidades, tus sueños, incluso, sin ni siquiera conocer las conclusiones a las que estás llegando gracias a estos ejercicios, y sin haber podido charlar durante unos minutos sobre las metas que has determinado, pueda ayudarte a desarrollar un Plan Personal para alcanzar tus metas.

Yo tengo la total seguridad de que la Guía que hasta ahora he compartido contigo, te ha abierto los ojos en cuanto a como planificarte, qué sueños y metas perseguir, y seguramente, otras muchas ideas concretas de gran aplicación y valor...

Sin embargo, me resultaría casi imposible, desde mi posición, ayudarte a buscar e implementar las acciones que específicamente te ayudarán a ti a Conquistar las Metas que te hayas propuesto.

Ahora bien, de lo que si estoy 100% convencido, es que TÚ podrás encontrar **EN** ti y **POR** ti mismo, las herramientas, los caminos, las acciones y las estrategias más efectivas y coherentes, que te facilitarán alcanzar las metas que te has propuesto, si en verdad estás mental, física y espiritualmente preparado para ello.

Por tal razón, hasta ahora yo me he centrado en ayudarte a llegar hasta aquí…

Te he animado a que identifiques dónde y cómo estás hoy, a que descubras los valores y principios que deben regir tu vida. Te he guiado para que sueñes de manera práctica, en cuanto a tiempo y dinero, y definas una meta en este sentido a tres años.

También te he orientado y motivado a definir una lista de tus sueños y deseos y a que destilaras esta lista tomando como referencia tu Constitución Personal, es decir, aquello que más valoras en tu vida; lo verdaderamente importante para ti, y decidieras así qué sueños y metas perseguir en este sentido, siempre y cuando existiera coherencia con tu meta de tiempo y dinero.

Además, te he guiado para ayudarte a desglosar tus metas a tres años, en metas y objetivos con plazos de tiempo más operativos. También has identificado tus actuales fuentes de ingreso y analizado cómo potenciar esas fuentes; y quizás ya tengas ideas de qué otros canales puedes explotar.

Y por último, has identificado las tres acciones, o más, que sabes que si comienzas a ejecutar de manera perseverante y consistente en tu día a día, te ayudarán a alcanzar tus metas.

Ahora bien, todo este trabajo te ha traído hasta una puerta, pero esta puerta la deberás atravesar TÚ, porque esta PUERTA, es tu **"Plan de Acciones Personales"**.

Eres TÚ quien deberá ELEGIR Y DECIDIR las acciones que necesitarás emprender; es tu RESPONSABILIDAD. Lo máximo que yo puedo hacer, es compartirte los temas que veremos a partir de ahora, pero serás tu quien deba aplicarlos.

 Presta mucha atención... La idea central de este capítulo, es la siguiente:

> **Lo PRIMERO Y MÁS IMPORTANTE** *que tienes que hacer, es enfocar todas tus energías en venderte tus metas a ti mismo. Tú eres el primero al que has de convencer...*

¿Por qué?

Porque será DURANTE tu propio "Proceso de Convencimiento", de cambios de creencias, de **adquisición de nuevos hábitos**, de **verte a ti mismo conquistando esas metas que te has propuesto**, donde irás descubriendo los mejores caminos, las tácticas y estrategias más adecuadas y coherentes, y las herramientas y acciones que con mayor efectividad, te elevarán hasta donde te has propuesto.

MUY IMPORTANTE: cuando TÚ comiences a evolucionar mentalmente, gracias a la **adquisición de nuevos hábitos** y la **sustitución de creencias limitantes por creencias potenciadoras**, no sólo evolucionarán tus metas y sueños en cuanto a CALIDAD Y CANTIDAD, también lo harán tu capacidad de planificación y acción, y la magnetización de las estrategias más adecuadas para que TÚ avances en ese camino, de la forma más conveniente.

Por tal razón, lo que yo SI PUEDO HACER y está a mi alcance, es compartirte la idea y los ejercicios que te explicaré en este y en el próximo capítulo. Veamos...

Para conquistar tus sueños y tus metas, lo **primero y más importante** que debes hacer y garantizar, es "apoderarte de nuevas creencias y conquistar nuevos hábitos", que día a día, te ayuden a andar el camino que te has propuesto; que te faciliten crecer y avanzar en tu **Proceso de Cambio**.

Existe un concepto básico para el mundo de los negocios, que me gustaría traer aquí, para explicarte mejor lo que espero de ti. Este concepto se llama "Coste de Apertura".

El "Coste de Apertura" es un indicador, una cifra, un número que advierte que cada mes, cada semana o mejor aún, CADA DÍA, una empresa debe "PRODUCIR" una determinada cantidad de ingresos, para llegar a su **punto de equilibrio**, es decir, para cubrir gastos y no morir.

Por ejemplo, si una empresa tiene calculado que cada mes necesita unos ingresos mínimos de 20.000 Dólares para alcanzar su punto de equilibrio (cubrir todos sus gastos, fijos y variables), podríamos decir, si es una empresa que abre sus puertas 6 días a la semana, que su "Coste de Apertura" es de 770 Dólares diarios.

Es decir, que el SIMPLE HECHO DE ABRIR SUS PUERTAS, le cuesta a esta empresa 770 Dólares, cada día.

Esto significa, que si esta empresa NO PRODUCE una media diaria de 770 Dólares, tiene la muerte garantizada, porque NO crecerá y acumulará nuevos gastos y deudas cada día. ¿Esto queda claro?

Ahora bien, lo mismo sucede contigo...

Salvando las distancias, TÚ, como persona, eres una empresa. Podríamos decir que TÚ eres una PyME (pequeña empresa), y por lo tanto, también TÚ tienes un Coste de Apertura, lo creas o no.

Hoy por hoy, tú tienes unos gastos personales y/o familiares que debes cubrir cada mes, según las necesidades que te has creado o has decidido asumir… Unos gastos que Financian tu *"Nivel de Vida"* y tu *"Estilo de Vida"*.

Pueden ser unos gastos que te permitan financiar una vida con grandes comodidades, o podrían también ser unos gastos que como mucho, te permiten sobrevivir cada mes, sin salir del agobio de las deudas y facturas, pero en cualquiera de los casos, hay un "Coste de Apertura".

Para seguir el ejemplo con el que hemos estado trabajando, podríamos decir que, si hoy por hoy tus ingresos netos personales son de 2.000 Dólares, para los que trabajas 25 días al mes, tu actual Coste de Apertura es de 80 Dólares diarios.

80 Dólares x 25 días de producción = 2.000 Dólares.

Es decir, que con tu actual Nivel de Vida, casi cada amanecer te está costando 80 Dólares, independientemente de que te sientas bien o estés enfermo, de que haya sol y sea un día lluvioso, haya frío o calor. Cada día te cuesta 80 Dólares. ¿Me explico?

===========================

Llegados a este punto, no puedo dejar de recomendarte, es casi de lectura obligatoria, mi Suplemento Especial: *"Cómo Evitar La Carrera De Ratas… La Diferencia Que Puede Cambiar Tu Vida"*.

Ver los detalles en el siguiente enlace:
http://www.lanzateya.com/carrera_de_ratas/presentacion.htm

===========================

Sólo como comentario:

> *Si cada día, cada semana y cada mes, te sientes presionado porque NO logras cubrir tu coste de apertura, sólo tienes dos estrategias de salida:*
> *a) Disminuir tu nivel de gastos, es decir, la necesidades y "lujos" que hoy por hoy te están reclamando unos determinados ingresos, o...*
> *b) Incrementar los ingresos por diferentes vías, lo cual te permitirá mantener e incrementar, relajadamente, tu actual nivel de gastos, fijos y variables.*
> *Ahora bien, al ser esta una Guía para Establecer Metas Efectivas, Motivantes y Coherentes, nos continuaremos centrando en la estrategia B.*
> *Sin embargo, sería MUY INTELIGENTE por tu parte, hacer un análisis profundo para que identifiques y elimines esos gastos que hoy te están chupando la sangre y de los cuales podrías prescindir perfectamente... ¿Tienes gastos que puedas eliminar de tu vida, al menos por el momento?*

Recientemente escuche una estadística que detallaba que más del 55% de los hogares españoles, no llegaban al fin de mes, es decir, NO CUBRÍAN SU COSTE DE APERTURA.

Ahora bien, ¿por qué te cuento todo esto?

El Coste de Apertura de tus Metas

Por dos razones... Me explico:

1º) La primera, es algo que resume el trabajo que ya has desarrollado. Veamos... Como esta es una Guía para establecer metas, es importante que demos otro enfoque al concepto de "Coste de Apertura". Te propongo que a partir de este momento, lo llamemos el "Coste de Apertura de tus Metas" – CAM.

Continúo explicándome con el mismo ejemplo hipotético con el que hemos estado trabajando en esta Guía.

Es decir, suponiendo que tu meta a un año, en cuanto a Ingresos Netos Personales, es 31.000 Dólares, la cual has REDONDEADO AL ALZA a 2.600 Dólares mensuales, y para los cuales trabajarás 5 días a la semana, ¿sabes cuál sería el Coste de Apertura de tu Meta?

Respuesta: 130 Dólares.

Es decir, si en verdad vas a apostar por dar un cambio radical a tu vida y conquistar todas las metas que te has propuesto, gracias a esta Guía, debes mentalizarte en que el simple hecho de "LEVANTARTE CADA MAÑANA", te costará 130 Dólares.

Cada mañana, (de lunes a viernes, según el ejemplo) el sólo hecho de apagar tu despertador y saltar de la cama, te pasará una factura de 130 dólares, los gastes o no. ¿Esto queda claro?

2º) Ahora bien, es en la segunda razón donde radica el poder, y es la siguiente: debes TRADUCIR el "Coste de Apertura de Tus Metas" a ACCIONES CONCRETAS.

Verás, los resultados que estás cosechando actualmente, son directamente proporcionales al tipo de acciones (físicas y mentales) que estás ejecutando HOY.

Si haces un balance de todas tus actividades diarias, desde que te levantas, hasta que te vas a la cama, te darás cuenta de las acciones, creencias, relaciones y hábitos, que actualmente están gobernando tu vida, y gracias a los cuales estás cosechando el tipo de resultados que HOY estás produciendo.

Lo que no puedes hacer, y esto es algo muy común, es levantarte cada mañana para un **Día de 80 Dólares** (dejándote arrastrar por hábitos ineficaces y acciones débiles), mientras anhelas alcanzar unas metas, para las cuales se requiere emprender el tipo de acciones necesarias, para un **Día de 130 Dólares**. Es totalmente INCOHERENTE.

Créeme, si de toda la Guía únicamente decidieras absorber y aplicar esta idea (este concepto) a tu día a día, sólo con esto cosecharías resultados increíbles. Sólo con esta idea - si la aplicas – amortizarás el tiempo, el dinero y el esfuerzo que invertirás en esta Guía, al menos unas 10.000 veces, en los próximos tres años.

Como ya te expliqué, me resulta muy complicado, por no decir imposible, ayudarte a definir el tipo de acciones concretas que deberías emprender TÚ, para alcanzar tus metas diarias, semanales y mensuales, o mejor dicho, para cubrir tu CAM; el Coste de Apertura de tus Metas.

Sin embargo, existen unas determinadas acciones, que sin conocerte, y desde luego, sin saber si ya las ejecutas o no, estoy 100% convencido que si las aplicas y las implementas como **NUEVOS HÁBITOS EN TU VIDA**, te ayudarán a conquistar CUALQUIER META que te hayas propuesto.

¿Por qué?

Porque son ACCIONES Y HÁBITOS que te facilitarán la concentración, el enfoque y la preparación necesaria para ayudarte a descubrir las mejores estrategias y herramientas, que a su vez, te permitirán alcanzar esas metas que te has propuesto a tres, dos y un año, y no sólo eso, también te ayudarán a ACTUAR.

No se si tu has escuchado esta máxima (esta creencia), pero te hable de ella en la página 31. "El Conocimiento NO ES Poder".

Si el conocimiento en si mismo fuese poder, el hombre no contaminaría la atmósfera, ni talaría los bosques. Si el conocimiento en si mismo fuese poder, los médicos no fumarían.

Si el simple conocimiento fuese poder, todo sería mucho más sencillo, y posiblemente ni siquiera existiesen las guerras. Si el puro conocimiento representara el poder, los hombres más poderosos de la tierra fueran los profesores universitarios, y sabemos que esto no es cierto.

"Lo que en verdad otorga todo el Poder al conocimiento, es la ACCIÓN".

Ahora tú ya **sabes** lo que quieres, o al menos **conoces** un método que te podría ayudar a descubrirlo. Ahora ya tienes una proyección de tus metas a tres, dos y un año, e incluso, <u>sabes</u> cuales son tus objetivos diarios, semanales y mensuales para el próximo año, y también <u>conoces</u> cuales son las acciones, funciones y/o actividades que podrían ayudarte a alcanzar las metas que te has propuesto.

Ahora ya dispones de este CONOCIMIENTO, por lo tanto, lo más inteligente y aconsejable es enfocar TODOS TUS RECURSOS Y ENERGÍAS en desarrollar el PODER necesario que te permita ACTUAR, en pos de eso que quieres.

Por ello, te propongo que veamos las...

Capítulo VII
Acciones de Excelencia para "Conquistar tus Metas".

Es aquí donde está el elixir de toda la Guía y todo el trabajo que has realizado. Desde mi particular punto de vista, dentro de las acciones que veremos en este capítulo, se esconde la "Piedra Filosofal" de todo logro y éxito personal, ya sea discreto o sobresaliente.

Es por ello que estas acciones y nuevos hábitos que ahora compartiremos, deberán convertirse en "Tus Otras Metas".

Por favor, NO MENOSPRECIES el valor y la eficacia de este tema, porque podrías estar menospreciando tu propia felicidad, tu prosperidad, tu crecimiento personal y profesional, y tu riqueza en todos los sentidos.

¡¡Presta mucha atención!!

Lo que te propongo que hagas, y es lo que espero de ti, es que definas, como TUS PRINCIPALES Y MÁS IMPORTANTES METAS, la ejecución de algunas de las acciones que a continuación te detallo.

No pienses que voy a sorprenderte con ideas espectaculares y novedosas, porque son todas acciones que seguramente ya conoces, y probablemente también seas consciente de su importancia, pero ya sabes... "el conocimiento no es poder", al menos que lo apliques.

Como te comenté, es probable que YA ejecutes algunas de estas acciones de manera regular o irregular, pero a lo que me refiero, es a que las interpretes como **tus metas diarias y/o semanales**, que las conviertas en HÁBITOS DE EXCELENCIA... que formen parte de una nueva "Rutina de Éxito" en tu vida.

Ahora bien, antes de detallarte estas acciones, quiero recordarte que también es tu responsabilidad **elegir y probar** cuales de estas acciones te ayudarán mejor a ti. Te explicaré más adelante que es lo que deberías hacer con estas acciones. Por otra parte, tampoco profundizaré demasiado en la explicación de estas acciones y en el cómo aplicarlas, porque quiero que lo hagas por ti mismo.

Veamos las...

Acciones de Excelencia para la "Conquista de Tus Metas"

La Lectura: debes buscar literatura que te inspire y te motive. Debes conocer ejemplos de otras personas que han triunfado. Debes conocer nuevos sistemas y métodos de realización personal. Debes leer biografías de líderes mundiales. Es decir, te debes NUTRIR de manera CONSTANTE, mediante la lectura.

Presta atención a lo que te voy a decir, porque te lo digo de todo corazón: si gracias a esta Guía, yo logro introducir en ti el "gusanillo" de la lectura de desarrollo y crecimiento personal, y comenzaras a leer a otros autores y NUNCA MÁS volvieses a leer mis obras y artículos, NO ME IMPORTARÍA en lo más mínimo, porque sólo con esto me sentiría enormemente satisfecho.

Te animo a que leas otros autores que logren inspirarte, a que descubras lo que otros tienen para enseñarte. Hay una frase de Ralph Waldo Emerson que dice: *"Todos los hombres que conozco son superiores a mí en algún sentido. En ese sentido aprendo de ellos."*

¿Te imaginas si entre tus "Otras Metas" estuviera la de leerte y estudiarte 1 nuevo libro cada mes, o mejor dos libros cada mes? ¿Te imaginas el espectacular cambio que daría tu vida, la amplitud de visión que alcanzarías, cuando habiendo transcurrido un año, te hayas leído y estudiado 24 nuevos libros?

¿Puedes ver la enorme influencia positiva y los resultados que cosecharías, si a lo largo del "Proceso de Cambio" que emprenderás, para alcanzar tus metas a TRES AÑOS, lograses estudiar 72 nuevos libros?

De verdad, ¿puedes hacerte una idea de lo que significaría la lectura y análisis de 72 libros que te inspiren y aporten nuevos enfoques e ideas, en los próximos tres años?

Ahora bien, visto así, puede que te suceda como las metas económicas a tres años, que lo ves muy complicado y lejano, pero tal y como hemos hecho con tu CAM (Coste de Apertura de tus Metas) lo que te propongo es que TE CENTRES en leer 30 minutos cada día; **esta es tu meta diaria...** ¿Ves lo que quiero decir?

Si te ENFOCAS en VENDERTE CADA DÍA, la idea de ALCANZAR ESTA META (leer 30 minutos diarios), la misma se ira haciendo más cómoda cada vez, hasta que se convierta en un HÁBITO, y cuando esto pase, es probable que disfrutes leer hasta 3 y 4 libros cada mes... ¿Te imaginas?

Aunque la lista de autores y títulos recomendados podría convertirse en algo casi interminable, te sugiero aquí alguna literatura para que comiences a "desencadenar" este nuevo hábito.

Comienza por leer alguna de estas obras y pronto sabrás, por ti mismo, qué otras obras te convendría leer.

Algunas Recomendaciones:

Autor	Titulo	Editorial
Edward De Bono	Seis pares de zapatos para la acción	Paidos
Stephen R. Covey	Los Siete Hábitos de La Gente Altamente Efectiva	Paidos
Brian Tracy	Máxima eficacia.	Empresa Activa
Mark Fisher.	El millonario instantáneo.	Empresa Activa
Anthony Robbins	Poder sin límites.	Mondadori
Napoleón Hill	Piense y hágase rico.	Mondadori
Viktor E. Frankl	El hombre en busca del sentido.	Paidos
Deepak Chopra	Las siete leyes espirituales del éxito	Edaf
Louise L. Hay	Usted puede sanar su vida.	Urano
Robin S. Sharma	El monje que vendió su Ferrari.	Plaza & Janés
Robert T. Kiyosaki	Padre Rico, Padre Pobre	

En este enlace, puedes ver más información sobre cómo adquirir estas obras: **http://www.lanzateya.com/metas/libros.htm**

La Autosugestión: este es uno de los nuevos HÁBITOS que no podrás pasar por alto.

También hay infinidades de libros, métodos, filosofías y demás, que hablan y explican el poder de la autosugestión y los increíbles beneficios de la misma. Por ello, no creo que sea necesario que me extienda en una explicación profunda sobre la autosugestión, ya que investigar más sobre la misma y su aplicación, es una de las tareas que deberás hacer :-)

Sin embargo, te explicaré con mis palabras y de manera sencilla, su importancia para el logro de tus metas; para tu propósito.

El propósito fundamental de la autosugestión, es "Controlar tus Pensamientos" de manera consciente. La autosugestión te permite ejercer PODER Y CONTROL sobre tus creencias. Y las CREENCIAS son la base de todo éxito o fracaso.

Las creencias son las mayores responsables de tu felicidad o tu infelicidad, de tu riqueza o pobreza, de tu miedo o tu audacia.

Tus creencias (no hablo de creencias religiosas) son las que más influyen en el resultado final, sea positivo o negativo. Hay una cita de Henry Ford que dice: *"Tanto si piensas que puedes, como si piensas que no puedes, estás en lo cierto"*.

Analicemos el siguiente gráfico, el cual he adaptado del libro *"Poder Sin Límites"* de Anthony Robbins, para explicarte mejor el Poder Determinante que ejercen las creencias en nuestra vida. Su influencia DIRECTA en nuestro éxito, o fracaso.

Este es el esquema de una persona que obtiene resultados positivos, GRACIAS A CREENCIAS de la misma naturaleza.

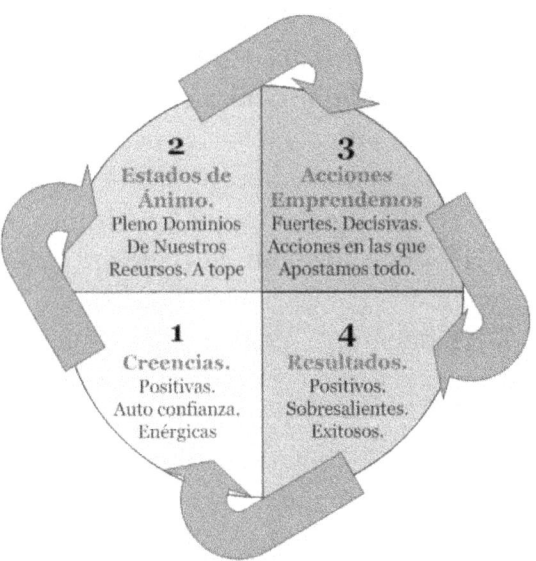

Como verás, cuando albergamos CREENCIAS (1) positivas, enérgicas, que alimentan la confianza en nosotros mismos, éstas influyen en nuestro ESTADO DE ÁNIMO (2) ayudando a **sentirnos llenos de poder,** y en pleno dominio de nuestros recursos. Y cuando nos **sentimos** así, emprendemos ACCIONES (3) llenas de determinación. Movilizamos todo nuestro potencial – ponemos toda la carne en el asador.

Ahora bien, cómo crees que serán los resultados que cosechará una persona que emprende acciones en las que entrega todo. Pues evidentemente los RESULTADOS (4) serán muy positivos. Y cuado obtienes resultados positivos, pues se REFUERZAN LAS CREENCIAS (1) de la misma naturaleza... Y así se cierra el ciclo y vuelve a comenzar.

Sin embargo, lo mismo ocurre, exactamente, con una persona que alberga *creencias* limitantes, negativas e impregnadas por el miedo. Creencias y pensamientos de este tipo, mantienen a la persona en un *estado de ánimo* débil, donde no tiene dominio de sus recursos. Es la persona que se siente temerosa, que ve miles de problemas cerca de cada oportunidad, en lugar de ver la Oportunidad que oculta el Problema…

Y cuando una persona se encuentra en este estado, pues emprende *acciones* mediocres, débiles y llenas de inseguridad, y con acciones de este tipo, es previsible cosechar resultados mediocres y poco alentadores, o incluso resultados negativos, a los que comúnmente llamamos *Fracaso*.

Y finalmente, el ciclo se cierra reforzando las CREENCIAS limitantes, ya que esta persona terminará por convencerse, un poco más, de que NO VALE la pena el esfuerzo… Dice cosas como: *Ves, yo sabía que esto no iba a funcionar. Eso de las metas no sirve para nada. Etc…*

Y así queda establecido el patrón de la persona que pocas veces hace cosas sobresalientes. El patrón de la persona media.

Es por ello que he destacado la inmensa importancia de la Autosugestión, ya que ésta te ayudará a CONVENCERTE a ti mismo y a CREER en las cosas que determines CONVENIENTE creer, para alcanzar tus metas.

Ahora bien, si la autosugestión te ayuda a tener más control sobre tus pensamientos y tus creencias, entonces ¿Qué eliges creer? ¿Sobre qué tipo de pensamientos vas a ejercer el poder de la autosugestión?

Tú tienes el poder de "elegir qué creer", por lo tanto, debes elegir de manera consciente, las afirmaciones y el tipo de pensamientos que te ayudarán a alcanzar tus metas.

Te propongo lo siguiente. Revisa nuevamente tus metas a 3 años e intenta responder a la siguiente pregunta: ¿qué pensamientos negativos podrían dificultarme el que yo alcance estas metas? Intenta identificar al menos **una** CREENCIA que podría limitarte en este sentido.

Podría ser algo así: yo no merezco triunfar, o yo no sé hacerlo, o yo no estoy preparado para alcanzar una meta así, o es demasiado difícil, o no tengo el conocimiento necesario, o me voy a sentir atrapado, o no tengo disciplina para hacer las cosas, o no soy constante, o me conformo con lo que tengo, etc…

Una vez tengas identificadas estas creencias limitantes (al menos identifica una) escribe una frase que AFIRME todo lo contrario. Elige de qué otra manera te gustaría pensar; por qué otro pensamiento crees que te ayudaría cambiar este que HOY te limita.

Una vez identifiques el nuevo pensamiento, redáctalo (por escrito) en forma de AFIRMACIÓN. Por ejemplo, si el pensamiento que debes cambiar es "yo no sé como hacerlo", podrías escribir algo así: Yo dispongo de todo el conocimiento y todo el poder para alcanzar mis metas". O "Cada día fluye hacia mi el conocimiento necesario para conquistar mis metas".

Ahora bien, una vez que tengas identificadas aquellas afirmaciones y creencias que te convendría creer, ¿qué debes hacer?... Pues deberás creértelas :-) y es aquí donde entra a jugar la autosugestión.

¿Cómo? Pues con la repetición. Es así como funciona la autosugestión. Es un "proceso de auto convencimiento", mediante la repetición de afirmaciones que has **elegido conscientemente.**

Pero como ya te he dicho, deberás conocer por ti mismo, mediante la lectura y la práctica, como hacer más efectivo este proceso.

Pero por el momento, y para que le vayas cogiendo el gusto, te propongo que entre tus METAS DIARIAS, esté la de dedicar unos minutos al día a la autosugestión. Podrías repetirte unas 100 veces cada día, la creencia con la que estés trabajando.

Por ejemplo, te cuento dos estrategias que uso personalmente en este sentido.

1º) La primera, es que CADA SEMANA elijo sólo una creencia con la cual trabajar, e intento repetirme esa afirmación al menos unas 120 o 150 veces cada día, con lo cual, a lo largo de la semana, me he repetido unas 800 o 1000 veces un pensamiento que ME CONVIENE ALBERGAR y FORTALECER.

Es decir, me centro cada semana en una nueva afirmación y esto me ayuda a cosechar mejores resultados en este sentido.

2º) La segunda, es que aprovecho el momento del baño para esta actividad. Ya me he creado tal hábito, que el sólo hecho de entrar al cuarto de baño, me recuerda que debo repetirme las afirmaciones y comienzo a hacerlo casi automáticamente.

También lo hago en otros horarios y momentos del día, pero en este horario me garantizo "cumplir mi meta diaria". Tú podrías hacer lo mismo, o dedicar otro momento para esta actividad, por ejemplo, antes de acostarte, o cuando estás conduciendo para el trabajo, etc.... Lo importante es que no dejes de dedicar parte de tu tiempo diario, a alcanzar esta meta.

Te propongo que investigues sobre la PNL (Programación Neuro Lingüística). También aprenderás otros métodos de convencimiento, para mantener una mejor comunicación contigo mismo.

Tu Venta Diaria: ¿Qué es esto? Pues verás. Tu venta diaria, no es más que el recordarte tus metas CADA DÍA. Esto es algo que NUNCA debes dejar de hacer, por ningún motivo.

Como ya te comenté, tú eres el primero al que has de convencer sobre el camino que YA ESTÁS RECORRIENDO y las metas que conquistarás. Para ello, debes hacerte el hábito de VENTERTE cada día el estilo de vida que estás construyendo. Debes recordarte y visualizar tus metas a uno o tres años, como más cómodo y efectivo te resulte.

Debes forjarte el hábito de hacer esta venta al menos dos veces al día. Al levantarte y antes de ir a la cama. Estos son dos momentos, que juntos, no suman más de 2 o 3 minutos, pero son de vital importancia. Te ayudarán a no perder el rumbo.

Este punto no requiere de más explicación, sólo necesita que sea ejecutado. Esta venta es también una autosugestión y es, posiblemente, una de las más importantes.

NOTA: estas acciones de excelencia que hemos visto son, desde mi punto de vista, las más importantes. Y para no complicarte el camino que deberás emprender en la aplicación de estas acciones, he querido hacer énfasis en estas tres primeras.

Sin embargo, hay otras acciones que sin lugar a dudas, también te facilitarán el camino hacía la conquistas de tus metas. Y estas son las siguientes:

La meditación: esta es otra actividad que te ayudará a alcanzar las metas que te hayas propuesto. La meditación, al igual que la concentración mental, desplegara ante ti, nuevas y frescas ideas sobre cómo alcanzar tus metas y que caminos tomar.

Puedes emplear la meditación para sencillamente "SER" y despejar tu mente, o también puedes aprovechar este espacio para repetirte creencias, o visualizar tus metas.

Al igual que la autosugestión, existen infinidades de libros que te explican como meditar, que explican métodos para este fin. Debes descubrirlos y aplicarlos.

Recuerda, es TÚ PROCESO DE CAMBIO, por lo tanto, debes ir creciendo poco a poco, y descubriendo por ti mismo, los recursos que te ayudarán en este sentido.

La respiración, los ejercicios físicos y la alimentación: estos tres elementos, te ayudarán a estar en mejor forma física para andar el camino. En algunos de los libros que te he recomendado, se tratan estos puntos con mayor detenimiento.

En resumen, un buen equilibrio entre estos tres puntos, te brindará las energías necesarias para que emprendas las demás acciones.

La escritura y la redacción: ¿Crees que deberías dedicar algo más de tiempo a aprender a redactar con mayor excelencia y eficacia? Debes tener en cuenta que la redacción es una poderosa forma de comunicación, y que por lo tanto, de venta.

¿Hasta que punto crees que mejorar tu redacción y escritura, te ayudará a conquistar las metas que te has propuesto, por ejemplo, para venderte mejor a ti mismo, o para influenciar positivamente en otra personas, o para mejorar tu marketing, etc…?

La concentración mental: esta es otra de esas acciones que deberías incluir en tu CAM. Si sólo dedicases cada día, 10 minutos a la concentración, incrementarías tu poder mental, lo cual significa que incrementarás la fertilidad de tu jardín mental, y cada nueva acción e idea, germinará con más fuerza.

También existen diversos y excelentes métodos y libros que te explican estrategias de concentración, pero si quieres comenzar por un método simple, podrías dedicar un espacio diario de 5 o 10 minutos a concentrarte tranquilamente, por ejemplo, fijando tu vista en un punto concreto y enfocando tu mente en una sola idea, por ejemplo en tus metas, o en la afirmación con la que estés trabajando en esa semana.

Sin duda, existen otras muchas acciones y hábitos que te ayudarán, particularmente a ti, a alcanzar las metas que te hayas propuesto, y estas son acciones que deberás ir descubriendo por ti mismo.

Sin embargo, es fundamental que comprendas que todo éxito personal y/o profesional, está precedido por la ejecución de unos determinados hábitos que fomentan este logro, y es aquí donde yo quiero que centres tu mente; en el logro de estas "metas diarias".

Antes de terminar estos últimos capítulos de la Guía, compartí las 60 primeras páginas con algunos empresarios y personas que merecen mi respeto, por los logros que han alcanzado en determinadas áreas, a fin de conocer sus primeras apreciaciones.

Uno de estos empresarios me envió varias sugerencias constructivas sobre la importancia de la acción, porque muchas personas planifican y planifican, y después no ejecutan. Entre sus comentarios, mencionaba lo siguiente (resumido y con mis palabras): *Jordys, la gente necesita cosas concretas para actuar... yo leo una media de 50 libros cada año y veo que este es un punto que hay que fortalecer en el tema de las metas...*

Desde luego le agradecí inmensamente sus comentarios, porque me ayudaron mucho, sin embargo, en mi correo de agradecimiento le expliqué algo que considero importante compartir contigo, y es lo que resume casi toda la Guía. Le dije:

"Yo soy de la creencia Pedro (por poner un nombre), y estoy convencido que tu también, de que una persona que goza de éxito en cualquier área de su vida, no sólo la económica, es porque ha desarrollado una serie de hábitos que le ayudan a potenciar el hecho de salir y actuar.

*Es decir, que antes de emprender **acciones bien concretas**, enfocadas a conseguir sus metas, primero **emprenden acciones enfocadas a fortalecer su mente, su visión, sus creencias y su concentración en aquello que quieren**, y el hecho de desempeñar estas PRIMERAS ACCIONES, es lo que provoca en estas personas el salir y actuar CADA DÍA, en pos de alcanzar esas metas que se han propuesto.*

Yo creo que aquí es donde está gran parte de la magia del proceso de establecer y alcanzar metas, y estoy seguro que estos hábitos o primeras acciones, son también responsables, en gran medida, de tu éxito personal... ¿No crees?

¿Cómo crees que afectaría a un pequeño empresario o un simple trabajador, que tiene "ambiciones ocultas o camufladas por creencias limitantes", el hecho de que, como tú, se leyese 50 libros al año, como media?

* * * * * * * * * * * * * * * *

Esta es la esencia de los dos últimos capítulos. Estas "Primeras Acciones" de las que hablé con este empresario, deberán ser también tus primeras acciones; tus "otras metas".

Establecer metas es una cosa, y otra bien distinta es conquistarlas, porque para alcanzar unas metas ambiciosas y motivantes, se requiere, **cada nuevo día**, de una acción constante, coherente y muy enfocada… y para levantarse cada día con una predisposición a esta acción constante y coherente, en pos de nuestras metas, se necesita una "buena base", una buena preparación mental y un elevado nivel de auto motivación.

El proceso de establecer metas y conquistarlas, es como una cadena, donde una cosa lleva a la otra; una acción desencadena en otra acción, y así sucesivamente.

Y si esto es así, ¿por qué no centrar una parte importante de nuestras energías y esfuerzos en ejecutar, con constancia y excelencia, las acciones que **DESENCADENAN TODO EL PROCESO?**

Es como los animales más grandes de la tierra; las ballenas. Las ballenas más grandes, se alimentan de los seres más diminutos del mar; el krill y los que componen el plancton. Es decir, ellas van al inicio de la cadena.

Pues algo parecido es lo que te propongo con este método. Que desgloses tus metas, que tengas bien claro lo que quieres, que desarrolles un plan y todo lo demás, pero que te centres es LAS PRIMERAS ACCIONES, en tus "otras metas". Es aquí donde se forja la excelencia y donde se fortalecen las bases del logro y el éxito personal.

CONCLUSIÓN: Entonces, ¿cuál es tu CAM?

Finalmente, el **Coste de Apertura de tus Metas**, no es más que un Plan de Acciones Diarias, enfocadas a "preparar el terreno"; a potenciar tu capacidad de producción. O como diría Stephen R. Covey, acciones orientadas a AFILAR LA SIERRA.

Tu CAM, no es más que tu nueva **rutina diaria**. Son las acciones que deberás ejecutar cada día, y que confeccionarán tu "Rutina del Éxito".

Antes de terminar este capítulo, te propongo que hagas un último ejercicio. Uno similar al que explicamos en la página 66…

Durante 5 o 10 días, presta especial atención a tu rutina diaria, e intenta anotar en tu libreta de trabajo, **cada una o dos horas**, TODAS las cosas que haces al día, desde que te levantas, hasta que te acuestas.

¿A qué hora te despiertas? ¿Qué es lo primero que haces al levantarte, y lo segundo, lo tercero, etc.? ¿Qué haces cuando llegas a tu trabajo? Y cuando terminas el trabajo, ¿qué haces? ¿Y cuando llegas a casa, qué cosas haces hasta que te vas a la cama?… Y los fines de semana o los días de descanso, ¿a qué te dedicas? ¿En qué inviertes el tiempo?

El propósito de este ejercicio, es que logres desplegar ante ti, de manera sintetizada y objetiva, tu actual rutina diaria y puedas así, evaluar los hábitos que, hoy por hoy, te mantienen en *piloto automático*, y el tiempo que estos te consumen cada día.

Cuando tengas este resumen delante de ti, se práctico y poco condescendiente en su análisis. Intenta evaluar si la manera en que HOY estás haciendo las cosas, te ayuda a alcanzar tus metas diarias, semanales y mensuales.

Identifica qué malos hábitos *te alejan* de lo que quieres. ¿Qué rutinas, hábitos o maneras de hacer las cosas de esta lista, podrías sustituir por algunas de las acciones de excelencia que vimos en este capítulo?

Intenta "diseñar" tu rutina diaria de tal manera, que antes de salir a la calle, ya hayas dedicado un tiempo a ti mismo, es decir, un tiempo a FORTALECER LA CAPACIDAD DE PRODUCCIÓN.

Capítulo VIII
Resumen

Por último, te propongo que hagamos un breve resumen de todo el trabajo realizado y veamos unas últimas e importantes recomendaciones para aplicar todo lo aprendido.

Lo primero que debes hacer, es intentar resumir en UN SOLO FOLIO (hoja) la esencia de todos los ejercicios que has desarrollado. En este resumen debes detallar, de manera simple, los resultados de cada uno de los capítulos. Esto es todo lo que deberás tener en este resumen:

1- Las razones por las cuales te diste la puntuación inicial, es decir, aquellas cosas que has considerado deberías cambiar en tu vida. Si a lo largo de la Guía creíste oportuno hacer cambios en este sentido, quédate con las últimas reflexiones.

2- Debes tener un resumen de aquellas cosas que para ti son importantes. Es el resumen que definiste en el capítulo 2. Recuerda que aunque las líneas que has escrito en este apartado pueden ir cambiando con el tiempo, por ahora deberían ejercer como tu "Constitución Personal". Debe ser el filtro que te ayude a tomar decisiones futuras y a establecer nuevas metas.

3- Debes tener tus metas financieras (ingresos personales) a tres años y tus metas en cuanto a tiempo libre. Puedes aprovechar en este mismo punto y representar estas metas de manera escalonada y en una tabla, como vimos en la página 55.

4- Debes tener definidas aquellas cosas que te has propuesto conquistar a tres años. Aquello que quieres ser, hacer, comprar, compartir y experimentar a tres años cuando hayas alcanzado tus metas económicas y en tiempo libre… Con este punto y el anterior, puedes realizar una breve descripción de tu Visión Personal a tres años.

5- Por otra parte, debes tener definidas tus metas a un año. Un breve resumen donde detalles las metas que vas a proponerte alcanzar para el próximo año, teniendo en cuenta lo que quieres a tres años.

6- Debes tener identificadas las tres acciones, funciones y/o hábitos que sabes que si practicas (si ejecutas) de manera constante y perseverante en tu día a día, te ayudarían a alcanzar los resultados económicos del punto anterior.

7- Por último, y esto es lo más importante, debes tener definidas las acciones que compondrán TÚ CAM (Coste de Apertura de tus Metas). Es decir, las metas diarias que te propondrás alcanzar y que conformarán tu rutina diaria.

Ahora bien, ¿Qué debes hacer con este resumen?

Pues bien, como ya te expliqué, debes tenerlo a mano y te recomiendo fervientemente que lo revises y lo leas al menos una vez a la semana, por si consideras que deberías ir haciendo cambios.

Debes estar alerta, porque cuando ya te lo hayas leído tres o cuatro semanas seguidas, querrás dejar de hacerlo, porque ya no te parecerá tan importante, pero es justo ahí cuando comienzas a alejarte de lo que originalmente querías. NO DEJES de leerlo, aunque te resulte aburrido leer siempre lo mismo.

Recuerda esto que te he repetido en varias ocasiones:

En la medida que evoluciones mentalmente, también evolucionarán tus metas y objetivos, tanto en cantidad como en calidad, y es ENORMEMENTE GRATIFICANTE ver como cambian las sensaciones que experimentas al leer algo y percatarte que **ya te queda pequeño**… Eso significa que HAS CRECIDO.

Ahora bien, además de este resumen, que no debería llevarte más de uno o dos folios, preferiblemente 1, deberías tener un segundo resumen más práctico y operativo, y que si deberás leer cada día, y mientras más veces mejor.

En este resumen, lo único que vas a escribir son tus metas a un año, y las razones por las que deberías conquistar estas metas. Si te parece, volvamos a tomar el mismo ejemplo con que trabajamos en capítulos de cómo deberías resumir tus metas a un año. Me explico:

Por una parte, debes tener el resumen de tus metas a un año. Este fue el ejemplo que vimos de cómo podría ser este resumen:

*En el **200X** (el año que sea) Yo, José Gómez (tu nombre) **TENGO** unos Ingresos Netos **SUPERIORES** a 31.000 Dólares. Mis Ingresos mensuales **SUPERAN** los 2.600 Dólares y **ANTES** del 15 de marzo (definir fecha, que sea medible), habré cambiado mi coche (carro) por el modelo (con los detalles). Además, el 20 de agosto, iré 10 días de vacaciones con mi familia a (definir lugar).*

Deberías tener algo así. ¿Lo tienes? Genial...

Ahora yo te pregunto. ¿Por qué es importante para ti alcanzar estas metas? ¿Qué te perderías si no alcanzas estas metas? ¿Cómo afectaría el que no hagas ese viaje, el que no salgas de esas deudas, el que no inicies ese negocio, el que no cambies ese coche, el que no te formes en esa disciplina, etc?

Es importante que encuentres **MOTIVOS** que te recuerden, **CADA DÍA**, por qué estás persiguiendo esas metas. Por supuesto, esto no es para lacerarte, ni para que te sientas mal, es para que **TE MUEVAS**.

Si sabes exactamente lo **QUE QUIERES**, pero no tienes un **PORQUÉ** verdaderamente poderoso que te **IMPULSE** cada día a perseguir eso que quieres, cualquier **CÓMO** te resultará difícil de enfrentar.

Aquel que tiene un porqué para vivir se puede enfrentar a todos los "cómos".

Friedrich Wilhelm Nietzsche

Ahora bien, cuando ya hayas encontrado TUS RAZONES, TUS PORQUÉS, debes hacer lo siguiente:

Debes imprimirlos junto a tus metas para el próximo año, pero NO en un folio común y corriente, sino en una cartulina resistente, la cual deberás recortar con un tamaño similar a las tarjetas de visita, de modo que siempre puedas llevar tus metas contigo. ☺

Podrías, por ejemplo, escribir tus metas por una cara de la tarjeta, y por la otra cara tus razones; tus porqués. Imprime varias de estas tarjetas, no sé, 10 o 15, y tenlas en lugares estratégicos donde siempre te las encuentres y las puedas leer, por ejemplo en el coche (carro), en la oficina, en la cartera, en tu habitación, en el cuarto de baño, etc.

Al tenerlas en todos estos lugares, siempre podrás aprovechar cada oportunidad, en la cola del banco, en un atasco de tráfico, mientras te tomas un café, ect., para "**Venderte Tus Metas**"; para recordarte tus metas y objetivos.

Recuerda: tú eres el primero al que has de convencer, y cada una de estas Ventas Diarias, realizará un pequeño pero importante aporte a este proceso.

Ahora bien, ten SIEMPRE una de estas tarjetas al lado de tu cama, porque es importante que TODOS LOS DÍAS (de lunes a domingo) leas tus metas y te recuerdes las razones por las que es importante para ti luchar por ellas, y esto debes hacerlo **antes de dormir** y **antes de levantarte**.

Este es uno de los HÁBITOS que debes adquirir. No es para que lo elijas incluir dentro de tus acciones o no, es para que LO ACÉPTES Y LO HAGAS. Esta es parte de tu primera "Venta Diaria".

Personalmente te recomiendo que cada día, antes de acostarte, dediques también unos escasos 2 o 3 minutos a realizar tu segunda "Venta diaria". Esta es también una venta MUY IMPORTANTE. De hecho, yo diría que es la acción más importante que debes implementar. Me explico:

Una vez tengas definidas las acciones que incluirás en tu CAM (Coste Apertura de tus Metas), deberás ejecutarlas. Por ello, un hábito muy importante que deberás adquirir, es el de CONVENCERTE CADA NOCHE, de que al día siguiente, EJECUTARÁS CON EXCELENCIA todas y cada una de las acciones que componen tu CAM.

Cada noche, después de leer tus metas y justo antes de dormir, deberías concentrarte uno o dos minutos, y decirte algo así:

> *"Mañana será un nuevo día, un día inundado de nuevas e ilimitadas posibilidades y las voy a aprovechar. Mañana disfrutaré cada segundo como si fuese el último y entregaré lo mejor de mí.*
> *Me levantaré sin pensarlo a las 06:00 AM (o la hora que hayas elegido) y me pondré en marcha. Mañana será un gran día".*
> *Y ante todo, me comprometo conmigo mismo, en que mañana ejecutaré con excelencia todas las acciones de mi rutina diaria, sin esperar nada a cambio. Simplemente las EJECUTARÉ con excelencia y disfrutaré de hacerlo.*

Redacta tu propio COMPROMISO, escríbelo y repítetelo cada día hasta que lo sepas de memoria, y te formes este Hábito.

Piensa en lo siguiente:

Si cada noche te centras en **"convencerte y mentalizarte"**, para ejecutar al día siguiente las acciones que componen tu rutina de éxito; tu CAM, acciones estas que, a su vez, como ya hemos visto, te ayudarán a fortalecer tu mente y encontrar las mejores herramientas y estrategias para conquistar tus otras metas, entonces podríamos decir que estamos frente a UNA ACCIÓN, a UN HÁBITO, con una **enorme influencia en todo el proceso**. Podría ser el HÁBITO que está al inicio de la cadena.

Por decirlo de algún modo, este HÁBITO es el plancton, es el krill que alimentará y proveerá fe y energías a tus acciones diarias, que finalmente serán las responsables de conducirte, día a día, semana a semana y mes a mes, al logro de tus metas.

No se si me he explicado bien, pero quiero que centres gran parte de tu fuerza de voluntad y empeño, en desarrollar este IMPORTANTE HÁBITO. Trabaja en desarrollar este hábito, y antes de lo que imaginas, éste estará trabajando para ti.

Para Terminar

Para terminar, me gustaría darte dos últimas recomendaciones, que te ayudarán a cumplir con tu propósito.

1º) La primera, es animarte para que te "Centres en ACTUAR, sin esperar nada a cambio".

Tienes que convertirte en un atleta de alto rendimiento, que cada día se centra en ejercitar sus músculos, su resistencia y sus técnicas, independientemente de que obtenga medalla de oro, o no.

A David Meca, un gran deportista español, plusmarquista mundial de natación de larga distancia, le preguntaron en una ocasión, después de conquistar un gran reto (cruzar a nado los de 44 kilómetros de distancia que separan las islas de Tenerife y La Gomera)...

- *David, ¿Cómo se consigue nadar 44 kilómetros sin descanso, en océano abierto, con los peligros que esto requiere?*

A lo cual David contesto (resumido con mis palabras).

*"Pues muy sencillo: entrenando **todos los días** del año, y nadando unas **8 horas diarias, de lunes a domingo**, casi sin excepción. Este es el secreto".*

Si la meta final – nadar 44 kilómetros – parece casi imposible, no es menos difícil el hecho de nadar 8 horas cada uno de los 365 días que tiene el año. Son 2.920 horas nadando a lo largo del año. Es decir, que de los 12 meses que tiene un año, se pasa más de 4 nadando.

Ahora bien, como verlo así ASUSTA hasta al más campeón :-), estoy convencido que David se centra, única y exclusivamente, en alcanzar **su meta diaria** (el entrenamiento del día) sin esperar nada a cambio.

Esto es lo que te propongo que hagas tú, con tus metas. Céntrate en la acción de cada día, en leer esa hora diaria, en hacer esos ejercicios de concentración, en ejecutar tu rutina de éxito, sin esperar nada a cambio, porque de hecho, estas acciones TRABAJARÁN PARA TI Y PARA TUS METAS.

2º) La segunda recomendación que te quiero dar, es que aprendas a DISFRUTAR de la INCERTIDUMBRE.

No temas enfrentar nuevos retos, nuevas metas, nuevos trabajos, nuevos negocios, nuevos conocimientos, etc., porque es aquí donde se esconden las oportunidades.

Disfruta tu "Proceso de Cambio" e intenta ABRIR LOS OJOS a las inmensas posibilidades que HOY se están escondiendo ante ti. Ahí fuera existen infinidades de posibilidades que pueden ayudarte a alcanzar las metas que te has propuesto, pero la realidad es que HAY QUE ESTAR PREPARADOS PARA VERLAS, y es este uno de los propósitos de tu CAM, de las acciones de tu Rutina de Éxito.

* * * * * * * * * * * * * * *

Gracias por tu tiempo y que coseches los mejores éxitos, gracias a esta Guía.

Sobre el autor

Jordys R. González, es el director y promotor de **www.LanzateYa.com** y editor del Boletín Electrónico "Conquista Tu Sueño", publicación dedicada a ayudar al pequeño empresario y emprendedor, a potenciar su negocio y su vida.

Además, Jordys es Consultor de Marketing y Asesor para Procesos de Cambio, tanto de personas, como de empresas (pymes). Sus clientes, colaboradores, familiares y amigos, le han ayudado a descubrir lo que él define como su **especialidad**: ayudar a **Desarrollar, Simplificar y Sistematizar**, procedimientos y estrategias, que contribuyan con el cambio que se desea alcanzar.

Además, Jordys González lleva varios años asesorando a pequeñas y medianas empresas en diversos sectores como la industria deportiva, asesorías laborales, constructoras, importadores y distribuidores mayoristas de artículos del hogar, equipamiento para hostelería, industria química, restauración y hostelería, pequeños comercios, publicidad y diseño, centros de estéticas y peluquerías, empresas de incendio y seguridad, aires acondicionados, proyectos de decoración, automotoras, ferreterías, equipamientos de oficina, y muchas más.

Pero sobre todas las cosas, Jordys es una persona que ha tenido la fortuna de descubrir su Misión Personal (Ayudar y motivar a las personas a alcanzar sus metas y objetivos; a que persigan y conquisten sus sueños), y el valor de vivirla.

Si deseas enviar un mensaje personal a Jordys González, puedes hacerlo desde la sección *"contactar"* de nuestro Sitio Web:
www.Conquista-Tus-Metas.com

Ediciones Corona Borealis

RECOMENDAMOS

FRONTERAS DE LA REALIDAD
Rafael Alemán Berenguer

MUJERES EN EL FILO DE LA NAVAJA
Manuel Espín

HISTORIAS MALDITAS Y OCULTAS DE LA HISTORIA
Francisco José Fernández

ANSIEDAD, CLAVES PARA SUPERARLA
Ricardo Sotillo

LOS PODERES DE LA MENTE
Rafael Alemañ

LA PROFECÍA DEL JUICIO FINAL
Luis E. Íñigo

REVELACIONES DEL 20112
Rodrigo Gómez

RECOMENDAMOS

SANADORES, MENSAJEROS DE LA CONCIENCIA
Luisa Alba

ENIGMAS DE LA HUMANIDAD
Pedro Silva

LA CRISIS CONTADA PARA LOS IDIOTAS QUE LA SUFRIMOS
Manuel Espín

ASTROMEDICINA TIBETANA
Helen Flix y Luis Gascó

EL PEQUEÑO LIBRO DE LOS ESPEJOS
Manuel Arduino

CUENTOS DE MAGIA Y MISTERIO
José Rubio Sánchez y José Miguel Cuesta Puertes

PUEDES CONOCER TODOS LOS LIBROS
DE CORONA BOREALIS EN:
www.coronaborealis.es
www.edicionescoronaborealis.blogspot.com

www.ingramcontent.com/pod-product-compliance
Lightning Source LLC
Chambersburg PA
CBHW072158160426
43197CB00012B/2431